U0124812

—— 作者 ——

戴维·M. 格温

伦敦大学皇家霍洛威学院历史系古代和古典晚期历史高级讲师，主讲晚期罗马帝国和基督教史等课程。主要著作有：《优西比乌斯派：亚历山大的阿塔纳修与"阿利安派"争论的构建》、《亚历山大的阿塔纳修：神学家、苦行者和教父》、《晚期罗马帝国基督教资料集》和《哥特人：失落的文明》，主编论文集《A.H.M. 琼斯与晚期罗马帝国》。

A VERY SHORT
INTRODUCTION

THE ROMAN REPUBLIC
罗马共和国

［英国］戴维·M.格温 著

王忠孝 —— 译

译林出版社

图书在版编目（CIP）数据

罗马共和国 ／（英）戴维·M. 格温（David M. Gwynn）著；王忠孝译.
—南京：译林出版社，2024.1
（译林通识课）
书名原文：The Roman Republic: A Very Short Introduction
ISBN 978-7-5447-9973-7

I.①罗… II.①戴…②王… III.①罗马共和国－历史 IV.①K126

中国国家版本馆 CIP 数据核字（2023）第 220990 号

The Roman Republic: A Very Short Introduction, First Edition by David M. Gwynn
Copyright © David M. Gwynn 2012
The Roman Republic: A Very Short Introduction was originally published in English in
2012. This licensed edition is published by arrangement with Oxford University Press.
Yilin Press, Ltd is solely responsible for this Chinese edition from the original work and
Oxford University Press shall have no liability for any errors, omissions or inaccuracies
or ambiguities in such Chinese edition or for any losses caused by reliance thereon.
Chinese edition copyright © 2024 by Yilin Press, Ltd
All rights reserved.

著作权合同登记号　图字：10-2023-426 号

罗马共和国　　[英国]戴维·M.格温 ／ 著　　王忠孝 ／ 译

责任编辑　　陈　锐
特约编辑　　茅心雨
装帧设计　　孙逸桐
校　　对　　梅　娟
责任印制　　董　虎

原文出版　　Oxford University Press, 2012
出版发行　　译林出版社
地　　址　　南京市湖南路 1 号 A 楼
邮　　箱　　yilin@yilin.com
网　　址　　www.yilin.com
市场热线　　025-86633278
排　　版　　南京展望文化发展有限公司
印　　刷　　南京新世纪联盟印务有限公司
开　　本　　850 毫米 ×1168 毫米 1/32
印　　张　　5.75
插　　页　　4
版　　次　　2024 年 1 月第 1 版
印　　次　　2024 年 1 月第 1 次印刷
书　　号　　ISBN 978-7-5447-9973-7
定　　价　　59.00 元

版权所有·侵权必究

译林版图书若有印装错误可向出版社调换。质量热线：025-83658316

序　言

晏绍祥

与古代希腊历史不同，罗马共和国从未从西方人的视野中完全消失，即便在所谓西欧中世纪最低潮时期，萨鲁斯特的两部历史著作、西塞罗关于修辞学的论述，也仍有一定程度的流传。文艺复兴时期欧洲人首先复兴的，是古代罗马的文化。此后一直到19世纪，西方对罗马共和国的兴趣都较古代希腊城邦更大一些。马基雅维里借讨论李维的历史著作表达自己的政治思想；哈林顿的《大洋国》中，多有罗马共和国的影子；孟德斯鸠不仅写过专著《罗马盛衰原因论》，在其主要著作《论法的精神》中，也有接近三分之一的篇幅讨论罗马法；卢梭的《社会契约论》中的理想国家，不乏罗马共和国的制度；美国的国父们制定宪法、创建自己国家的政治体制时，也广泛采用了罗马共和国的先例——参议院（Senate）与罗马共和国的元老院同名，众议院（Assembly）借用了当时对古代公民大会的称呼，国会山的原名詹金斯（Jenkins）则被改成了最初组成罗马七丘之一的卡匹托尔。此外，在为批准美国宪法进行的辩论中，许多人借用普布利乌斯、辛辛那图斯、布鲁图斯等作为自己的笔名；法国大革命时期，国民公会的大厅里摆着罗马共和国英雄们的雕像；许多人取名也经常借用古代的人名，其中加图和布鲁图斯极为常见；一些人如罗兰夫人和德穆兰等甚至宣称，他们正是因为阅读了古典时期的作品，才成为法国的革命者和共和派。即使到了19世纪，即西方文化上所谓希腊主义的时代，人们对罗马共和国也仍抱有浓厚的兴趣，不管是德国的蒙森和伊纳，还是英国的海特兰和朗，抑或是法国的皇帝拿破仑三世和他的教育大臣杜里伊，当然不要忘了还有意大利人德桑克提斯和费列罗等，这些人都曾在罗马共和国史研究中一试身手。

进入20世纪以后，随着学术的发展和研究的专门化，个人专著逐渐成为潮流，通史性著述虽不断涌现，但与专题著作比较，好像微不足道了，它们主要作为大学教科书出现。笔者上世纪80年代读硕士时，仍需要阅读由卡瑞撰写、斯库拉德修订的《罗马史》。该书初版于1935年，此后不断重印，直到现在仍相当有影响。但该书有关共和国时代的叙述，带有明显的那个时代的痕迹，典型表现之一，是用防御性帝国主义解释罗马的扩张，这在一定程度上肯定了罗马帝国给地中海世界带来的和平。另一种值得提及的有关共和国通史的著作，是克劳福德为丰坦纳古代史丛书撰写的《罗马共和国》。该书篇幅不大，较多地吸收了第二次世界大战后的新成果，对共和国历史上的许多具体问题都提出了自己的看法。遗憾的是两书至今都无中文版本，后一种也未必非常适合初学者。布林格曼的《罗马共和国史》（刘智译，华东师范大学出版社，2014年版）在某些方面突破了传统的学术框架，对共和国历史的叙述比较系统，但在某些基本问题上，例如有关罗马扩张和共和国向帝国过渡的问题，该书的观点可能过于持重，革新精神略嫌不足。因此，由英国学者格温撰写、复旦大学王忠孝博士翻译的《罗马共和国》，对中国读者而言，具有非常积极的意义。

本书作者戴维·M.格温的主要研究领域是后期罗马帝国，尤其是基督教史。他的第一部著作是在博士论文基础上修改完成的《优西比乌斯派：亚历山大的阿塔纳修与"阿利安派"争论的构建》，后陆续出版《亚历山大的阿塔纳修：神学家、苦行者和教父》、《晚期罗马帝国基督教资料集》和《哥特人：失落的文明》，主编论文集《A. H. M.琼斯与晚期罗马帝国》，成果可谓丰硕。这部《罗马共和国》系牛津大学出版社2012年推出的"牛津通识读本"的一种，也是作者最近的著作之一。对于这套丛书，国内读者应当有一定了解。早在2007年，国内已经引进并翻译这套丛书中的若干种，陆续出版了《古代战争与西方战争文化》《罗马帝国简史》《众说苏格拉底》和《解读柏拉图》等，并且采用中英文对照的形式。当时笔者就疑惑，既然《罗马帝国简史》已经引进，缘何不同时出版《罗马共和国》。现在看来，《罗马共和国》当时还在孕育之中。

本系列图书期待的读者是有一定文化修养的社会大众，邀请的作者都是学界相对年轻的一辈，如《古代战争与西方战争文化》的作者是西德博特姆，《罗马帝国简史》的作者是凯利，《众说苏格拉底》的作者是泰勒。恕笔者孤陋，他们中的不少人此前似乎声名不彰。但是，这里我们必须承认牛津大学出版社独特的眼光，因为经过几年的发展，这些作者中的部分人已经成为相关领域的佼佼者。本书的作者也不例外，他生于1975年，与当年爱尔兰著名古史学家伯里一样，少年成名，博士论文出版时，年仅32岁。现在他也仅40岁出头，已经出版5部著作，并发表论文数十篇，现任伦敦大学皇家霍洛威学院历史系古代和古典晚期历史高级讲师，主讲的课程既有晚期罗马帝国和基督教史，也触及罗马共和国。这部《罗马共和国》短小精悍，原文仅147页，但尽可能地吸收了学界最新的研究成果，并提出了一些颇有启发性的看法。具体说来，该书具有下述优点。

首先，内容选择精到。由于篇幅的限制，共和国历史很容易被写成压缩饼干，即所有事情都会提到，但叙述浮光掠影，犹如政治军事史大纲，甚至成为扩展版的大事年表。格温不求面面俱到，仅挑选几个主要问题进行讨论。第一章从历史文献和考古两个方面讨论罗马的起源，虽然叙述的是罗马历史学家流传给今天的故事，但注意与考古史料对勘，有助于读者的比较和判断。第二章概述共和国政制发展的历史和一般特点，尤其注意阐释共和国制度与罗马扩张之间的关系。这里明显能够看到古希腊历史学家波利比阿和罗马哲学家西塞罗的影响。第三章则触及罗马历史的社会层面，尤其是家庭构造及其与宗教之间的联系，从另一个侧面揭示了影响共和国历史发展的力量。第四、第五章为第二、第三章的自然发展：罗马政治生活与社会结构的竞争特性，是罗马对外扩张的重要动力，促使罗马人建立一统地中海的庞大帝国。虽然第六章主题转换，讨论共和国的衰落问题，但实际上仍是前两章的有机发展：罗马的扩张与疆域的扩大造成的问题，让共和国制度不堪重负，典型的是从第二次布匿战争以来军人势力的上升，造成了军阀的强势。罗马的社会问题和精英阶级的顽固，推动军阀与贫民走向联合，最终导致了共和国的倾覆。第七章讨论共和国后期的文化，虽然作者强调的是罗马文化某些独特的方面，但它在某种程度上也是罗马扩张在文化领域转换而成的文字与图像。最后以共和国的遗产收尾，阐述共和国传统对中世纪和近代西方历史发展的影响。作为一部共和国的通史，格温似乎省略了太多东西，如罗马历次战争的具体进程，早期罗马平民与贵族的冲突，前三头与后三头之间那些勾心斗角、波谲云诡的关系，甚至决定屋大维与安东尼命运的亚克兴战役，所有这些或根本不提，或一带而过。但回头仔细琢磨，罗马共和国历史上最为重要的问题，如罗马帝国主义的动力、共和国崛起的制度与社会因素、罗马文化与帝国统治的关系，当然还有共和国崩溃的原因与进程，都得到了不同程度的回答。作为一部简明扼要的共和国历史，该书的整体布局是成功的。

其次，具有前沿性。作为一种大众读物，前沿性似乎并非必需。但牛津大学出版社的这套丛书因为主要出自年轻新锐之手，多能体现学术界近年的研究成果。对于罗马共和国的历史，19世纪以来讨论最多，也是争论最激烈的问题主要有三个：早期罗马历史是否可信？共和国扩张的动力及其与罗马政制之间存在怎样的关系？共和国为何会垮台？对这三个根本性的问题，格温都有自己独特的答案。第一个问题古老却常新，18世纪后期法国学界有过一场激烈的讨论，但直到1989年《剑桥古代史》第2版第7卷第2分册出版，早期罗马历史是否可信也未得到圆满解决。康奈尔的近作《罗马的发端》似乎对这个问题做了较为稳妥的处理，在极端怀疑派和信古派（姑且如此称呼）之间大体采取了中间路线，对不同问题区别对待，赢得了不少学者的认可。格温无意卷入这场历史悠久的争论，而是铺陈考古和文献两个方面的材料，一方面指出文献的不可靠，另一方面肯定了文献与考古文物之间的互证，给读者提供了一个相对确定的答案。至于罗马扩张的动力问题，19世纪的西方学者，包括蒙森在内，深受近代民族国家理念的影响，把罗马的扩张看作统一地中海的必然进程。还有一些学者，则把罗马的扩张作为被动扩张的结果。但这样的论调，在威廉·哈里斯的《公元前320至前70年罗马共和国的战争与帝国主义》一书出版后被反转。哈里斯证明，罗马的社会结构、政治生活的特性，都刺激了罗马的对外扩张，因此罗马帝国主义的动力不是外部挑衅，而是内部驱动。该书出版后在学界引起轰动，也从根本上扭转了对罗马共和国扩张的研究走向。格温明显受到了这股潮流的影响，将罗马扩张的动机归于精英阶级的价值观和共和国富有竞争性的政治。而共和国的垮台，很大程度上源自罗马政治自身的竞争特性，以及公元前3世纪以来共和国精英阶级领袖们相互竞争的失控。用格温自己的话说，"从真正意义上说，罗马共和国是自身成功的一个牺牲品。共和政制不断进化，是为了满足一个小型意大利城邦发展的需要。作为一个政治制度，共和政制是一项卓越的成就。它稳定而不失灵活，并能在集体和个人统治之间保持谨慎的平衡。但这个制度却从未为管理一个帝国做好准备。对外扩张给罗马共和国的政治结构和元老精英阶层的集体权威带来源源不断的压力，这种压力同样让罗马的社会和经济结构不堪重负"（第74页）。这最终压垮了罗马共和国。

最后，这本小书读来轻松自如，没有一般学术著述常有的艰涩语言和繁琐考据。任何一部成功的历史作品，都须是严谨科学研究的结果，建立于坚实的史料基础之上，但同时它也应当是一部优秀的艺术作品。两者的有机结合，需要作者具备精深的研究基础和良好的语言功底，二者缺一不可。在19世纪的古史学家中，蒙森是少有的兼具两种长处的文章高手。他的《罗马史》资料丰富、说理透彻，同时语言明快、叙事流畅，甫一出版，立刻畅销，并被译成多种欧洲文字（现在也有了中文译本），至今仍是学者们认识罗马共和国历史的重要参考。在20世纪，能够与蒙森比肩的或许是塞姆，其《罗马革命》史料丰富、考证精到，且叙事流畅、行文如流水，至今仍是研究罗马共和国史必读的著作。格温的长项是晚期罗马帝国，但作者对罗马共和国的历史显然也有足够的研究，对共和国时代的历史掌故，在书中是信手拈来。在论述问题和阐发见解时，则使用准确和生动的语言。这里仅举一例说明。在分析罗马成功征服意大利的原因时，作者写道："元老院的集体领导制既提供了稳定的环境，又疏导了贵族的野心。公民大会和选举给了罗马公民一个发声的渠道，而农业经济又为罗马军队提供了人力支持。罗马的同盟网络从周边的拉丁民族一直延展到大希腊地区的城市。这让罗马的资源储备更为雄厚，进而实现了对意大利中部和南部的控制。"（第47页）简短的几句话，不仅概括了罗马政制对扩张成败的影响，也体现了罗马扩张的策略——充分运用同盟者的人力物力，而且交代了战争的结果——一统意大利。第22—23页有关罗马政制一般特点的归纳，第105—106页关于共和国文化成就与奥古斯都黄金时代之间关系的判断，都是寥寥数语就让共和国文化的影响跃然纸上。当然，作为一部译作，它也充分体现了译者王忠孝博士对罗马历史的把握和良好的中英文转换能力。总体上说，译文平实而不失典雅，准确而不艰深，很好地传达了原作的风格。

罗马共和国已经灭亡两千多年，但正如格温指出的，它的传统从不曾在西方世界消失。甚至在古典学早已不是显学的当代世界，古典的先例仍总是不断被人提起。当美国借口萨达姆藏有大规模杀伤性武器发动伊拉克战争时，西方世界马上想起了恺撒渡过卢比孔河的典故；当美国总统借反恐扩大自己的权势时，参议员伯德及时提醒参议院，正是因为罗马元老院把钱袋子交给了恺撒，才导致了共和国的灭亡；本世纪初美国的一家独大与帝国趋势，也让不少美国人想起共和国后期的罗马，担心帝国的压力是否会有一天让他们失去曾经拥有的自由，并摧毁祖先们珍视的权利。对于正面向世界开放的中国来说，了解罗马共和国的历史，既是认识这个古老国家历史与文明的需要，也有助于我们理解西方文化与传统；它所提供的经验和教训，在我们的政治和社会生活中，也非全无教益。这本小书的出版，固然不可能一夜之间改变国人对罗马的认识，但它至少为我们了解这个伟大的古国打开了一扇小小的窗户，同时也让我们见到，即便在罗马共和国史这样古老的领域，今人与古人的对话也从未停止过，并且将继续下去。

目　录

引　言

　　罗马共和国的崛起和衰亡在西方文明史中占据着特殊的地位。从最初坐落于台伯河畔七丘之上的一座毫不起眼的小城，罗马逐渐成长为古代地中海世界的霸主。在元老院贵族的领导下，共和国军队打败了迦太基以及由亚历山大大帝的继承人所统治的王国，最终将东西方诸民族囊括在罗马治下。然而，罗马共和国的成功也是其悲剧所在。导致罗马扩张的那些力量，以及扩张带来的回报引发了社会、经济和政治危机，使共和国在内战的泥沼中越陷越深。在维持一个庞大帝国的重压之下，罗马共和国的政体失灵了。最终，大权落入奥古斯都手中，他成为罗马的首位皇帝。

　　对后世而言，罗马共和国提供了一个范例，一个获取激励的源头，以及一个警世性的故事。古罗马神话、文学和艺术，以及共和国历史上的那些英雄和恶棍始终激发着人们的想象。时至今日，小说、电影和电视剧都还在利用罗马共和国的遗产大做文章，在历史的忠实度方面则千差万别。然而，罗马共和国的历史可以像任何虚构之物一样扣人心弦。从高卢人攻陷罗马城，汉尼拔攀越阿尔卑斯山，再到尤利乌斯·恺撒跨过卢比孔河及其被刺身亡,共和国的历史上包含了一系列最具戏剧性的时刻。而只有将其放在更大的历史背景下进行考察,这些事件和事件的参与者才会变得鲜活生动。这也正是本书所致力达成的目标。

第一章我们将拨开历史的迷雾去回顾罗马的起源。有关罗马人的传说为罗马建城、王政时代和共和国的建立绘制了一幅生动精彩的画面。不管这些传说是否真实可信,它们反映了罗马人对其过往历史的解读及其在共和国成立之初对世界的看法。第二章将继续讲述罗马共和国政治结构的不断完善,以及罗马在意大利半岛霸权的建立。独具特色的共和政体是罗马强盛的关键因素之一,也是引起后世钦佩的一个源泉。但罗马崛起的一个更主要原因来自罗马社会自身,这体现在罗马男性和女性各自扮演的角色及指导罗马人生活的那套社会和宗教准则上面,这正是第三章将要探讨的主要内容。只有在考察了罗马人秉持的价值观和信仰之后,我们才能更好地理解罗马的兴衰巨变。

第四章和第五章主要关注罗马从意大利城邦向霸权帝国的转变。罗马和迦太基为争夺西部地中海的统治权进行的史诗般较量贯穿三次布匿战争始终。在此期间,即便像汉尼拔这样的天才也无法阻止迦太基人的毁灭。罗马的最终胜利又将罗马人带入复杂的希腊语东地中海世界。战胜亚历山大大帝后世诸帝国将罗马带到了新的高度,同时也将希腊文化的影响力传播至整个罗马社会。但罗马的扩张是有代价的。第六章将探究共和国扩张导致的一系列后果,以及发生在公元前2世纪的那些危机,它标志着罗马共和国衰亡的开始。

罗马共和国的历史绝非只有政治和英勇的罗马军团。第七章的内容同罗马共和国时期的文学和艺术相关。它既包括普劳图斯、卡图卢斯和西塞罗等人创作的文学作品，也有罗马各地的那些纪念物。同时，我们还可以从庞贝古城留存的遗迹里看到共和国时代的影子。然而，伴随着文化上达到顶峰，罗马共和国已时日无多。正如第八章所述，军事寡头的崛起将罗马卷入不断升级的内战中，盖乌斯·尤利乌斯·恺撒成为最后的胜利者。恺撒在公元前44年3月15日被刺身亡使暴力加剧，直至共和国烟消云散，被罗马帝国取代。恺撒的养子奥古斯都独揽了大权，成了皇帝。然而共和国的遗产却在此后延续下来。在第九章，我们看到罗马共和国的遗产贯穿漫长的历史时期，从罗马帝国至早期基督教教会时代，再到马基雅维里和莎士比亚时期的文艺复兴，进而在18世纪的美国独立运动及法国大革命中得到体现。时至今日，罗马共和国依然激发着我们的想象，令人着迷。她遍及西方文化，为现代社会提供典范，敲响警钟。

第一章
历史的迷雾

　　根据传说，罗马历史起源于特洛伊城的陷落。当希腊士兵从木马中蜂拥而出，结束十年特洛伊战争之际，特洛伊王子埃涅阿斯将烟火弥漫下的城内最后一批幸存者聚集在一起。在他的带领下，特洛伊城的逃亡者们首先抵达了北非迦太基，从那里又到了意大利，最终在拉丁姆平原定居下来。然而，事实上，爱神维纳斯之子埃涅阿斯并非罗马城的真正建立者，但他的儿子尤鲁斯·阿斯卡尼乌斯成了拉丁城市阿尔巴·隆加的国王。他是尤利乌斯家族的祖先，后来的尤利乌斯·恺撒和罗马皇帝奥古斯都就出自这个家族。

　　尤鲁斯·阿斯卡尼乌斯的后裔统治了阿尔巴·隆加许多世代。此后一个名叫阿穆利乌斯的心怀不满的王子，废掉哥哥努米托尔，篡夺了王位。老国王的儿子悉数被杀，仍是处女之身的女儿瑞娅·西尔维娅则被迫献给灶神维斯塔，成为一名维斯塔祭司。然而，命运之神改变了接下去发生的一切。瑞娅因遭到强暴而产下一对双胞胎男婴，她认为孩子的父亲是战神马尔斯。阿穆利乌斯逼迫瑞娅将婴儿抛至台伯河边。然而，双胞胎兄弟罗慕路斯和雷穆斯靠着吮吸一头母狼的奶汁活了下来，并由一名国王的

图1　铜铸母狼雕像（可能是伊特鲁里亚人原作），狼身下的婴孩由15世纪的一名教皇添加

牧人收养长大。刚成年，兄弟俩就推翻了阿穆利乌斯的统治，恢复了祖父的王位。随后，罗慕路斯和雷穆斯回到台伯河畔当年被遗弃的地方，在附近的帕拉丁山上建立了一个新的部落。然而，兄弟间的不和迅速升温以至白热化。两人都争着要当这个新兴城邦的国王，最后诉诸暴力，雷穆斯被杀。未来将一统地中海世界的罗马城邦就在这鲜血四溅的环境中诞生了。传统观点认为，公元前753年，罗慕路斯以自己的名字命名了他所建立的这座城市，因而成了罗马的第一任国王。

城邦创立伊始就面临着尖锐的社会危机。为了促进城市发展，罗慕路斯向所有投奔他的人抛出橄榄枝，这其中既有奴隶和逃犯，也有土匪和强盗。然而，罗马缺乏足够数量的女性来繁衍后代，因此必须找到一个解决方案。罗马人举行了一场浩大的宴会，并邀请了周边部落参加，其中最强大的一支是萨宾族。在一个选定的时刻，罗马的男子们倾巢出动，掳走了他们能抓到的所有年轻的萨宾女性。当萨宾人做好准备发动反击之时，当年被掳走的妇女早已成为罗马人的妻子和母亲。她们挺身而出，隔开双方的兵戈，请求自己的父亲和丈夫达成和解。"劫掠萨宾妇女"为罗马的未来打下根基，并开始将罗马的影响力扩散至周边地区。

根据传统记载，共有七位国王成功统治了罗马近两个半世纪之久，罗慕路斯是第一位王。后来，罗慕路斯在一场暴风雨中神秘地消失了，据说他升入天堂成为奎里努斯神。他的继承人努马·庞皮利乌斯是一名萨宾人，被认为是罗马历法的制定者，并确立了罗马宗教中大部分古老的仪式。相比之下，第三位国王图鲁斯·霍斯提里乌斯是名军人。在其统治期间，祖先建立的阿尔巴·隆加城被罗马人隳坏一空，城中只有少数神庙幸存下来。第四位国王安库斯·马尔西乌斯是努马的孙子。像祖父一样，他的主要贡献也是对公共宗教的修订。同时，他也是一位军人。根据其在位期间订下的仪式，罗马可以以正当的理由参加战争，并打败了周边的拉丁民族。安库斯死后，大权落到卢修斯·塔克文尼乌斯·普利斯库斯手中。此人来自北部的伊特鲁里亚民族。在他统治期间，罗马城的面积，尤其是中心区域得到了拓展。紧邻罗马广场的卡匹托尔山上著名的朱庇特神殿也在他在位期间开始动工。到第六位国王塞尔维乌斯·图利乌斯统治时期，一些市政工程仍在兴建。塞尔维乌斯是塔克文的女婿。在其统治期间，他实施了人口普查，罗马的人口因此得到清点。同时，塞尔维乌斯城墙的修建也让罗马城有了具体的边界。

罗马的第七位也是最后一位国王是卢修斯·塔克文尼乌斯·苏佩布（高傲者塔克文）。他是塔克文尼乌斯·普利斯库斯的儿子，塞尔维乌斯的女婿。塔克文推翻了塞尔维乌斯的统治，攫取了王位。他是一个暴君，靠白色恐怖维持着统治。同时，塔克文无视国王的咨询机构元老院的权威。塔克文的儿子们和父亲性情相仿，正是他们的罪恶吹响了君主制灭亡的号角，同时也拉开了共和国诞生的帷幕。在罗马城外举行的一次宴会上，王子们和宾客们吹嘘各自的妻子品行是如何出色。当他们回到家中进行检验之时，王子们发现自己的妻子正享受着安逸奢华的生活。与之相反，他们的朋友科拉提努斯的妻子卢克雷提娅却是女性美德的典范。当抵达他家的时候，人们发现卢克雷提娅正边持纺锤，边指挥家内仆人劳作。她的美貌引发了塔克文小儿子塞克斯图斯·塔克文尼乌斯的欲望。塔克文秘密返回屋中，在武力的胁迫下强奸了她。尽管无辜，但内疚促使卢克雷提娅前往父亲和丈夫处请求宽恕。在二人面前，她将一把匕首插入了自己的心脏以示清白。将匕首拔出的那名男子叫卢修斯·尤尼乌斯·布鲁图斯，他就是后来刺杀尤利乌斯·恺撒的那个著名凶手的祖先。布鲁图斯将罗马人召集在一起，流放了塔克文和他的儿子们。公元前510年，罗马君主政体瓦解。国王由两名通过选举产生的执政官取代，他们分别是科拉提努斯和布鲁图斯。罗马共和国就此成立。

从神话到历史

这些古罗马传说背后隐藏的真相是什么呢？罗马共和国建立前的文献资料早已杳然无存。特洛伊王子埃涅阿斯的故事因维吉尔（公元前70—前19）的《埃涅阿斯纪》而享有不朽盛名，不过这部史诗是在所谓的特洛伊城陷落一千多年后写成的。有关罗慕路斯以及后面几位国王的历史，我们所拥有的最有价值的资料出自和维吉尔生活于同一时期的另一位作家之手，同样和王政时代相隔甚远。历史学家李维（公元前59—公元17）创作了长达142卷的《建城以来史》，他以卢克雷提娅遭强暴和塔克文家族被驱逐这两个故事作为第一卷的结尾。维吉尔和李维见证了罗马共和国灭亡和首位皇帝奥古斯都（公元前31—公元14）的崛起。对王政衰落前的远古时代，很难说这些作品提供的记载是准确无误的。

但我们并不能因此否认罗马传统记载的重要性。在生活于晚近时期的罗马人看来，早期罗马处在一个黄金时代。罗马社会的基本结构形成于这一时期，让罗马走向伟大的那些品质也在同一时期得以展现。重要的风俗和事件都和上古时代的那些国王有关，而古代英雄们为如何做一个真正的罗马人树立了榜样。卢克雷提娅的故事为罗马妇女在家内扮演的角色提供了一个标杆，并且她用生命维护了自身的荣誉。布鲁图斯将罗马从塔克文暴政下解放出来，这激励他的后代密谋策划了反抗恺撒独裁的行动。这些榜样并不只是口头上的理想，他们确实对罗马后代男女的行为产生了影响，同时反映出罗马人自身是如何看待他们的根源的。笼罩在远古迷雾中的这些故事对我们认识罗马共和国起到至关重要的作用，即便它们并不总能对探究罗马历史的起源提供帮助。

由于缺乏可靠的文字资料，研究早期罗马史的当代历史学家们不得不转向其他形式的证据，将第一批罗马人的出现放在其所处的物质和文化环境下考察。罗马坐落在肥沃的拉丁姆平原的中心地带，该平原西临大海。意大利的地形由北部的阿尔卑斯山脉、波河河谷以及亚平宁山脊构成，后者如一根脊椎一样直插至意大利南部。亚平宁山更加陡峭，相比西海岸，其距东海岸更近一些，而意大利中部地区大部分肥沃的土地则偏居西侧。拉丁姆平原可以供养密集的农业人口，但要不时防备来自亚平宁山地民族的侵袭，其中在罗马早期历史上最知名的一支是萨莫奈人。

早在大约公元前1500年到前1000年间，后来被称为拉丁人的印欧意大利民族便已移居到拉丁姆平原之上。对这批早期移民来说，罗马是一个天然的定居地。七座环绕起来的山丘能够提供防御性屏障，附近的台伯岛是跨过台伯河的最佳地点。拉丁姆平原北部是伊特鲁里亚。到公元前900年左右，被叫作伊特鲁里亚的民族就已在这一地区生活。约公元前750年后，从希腊世界来的殖民者建造的一系列城邦出现在了拉丁姆以南地区，其中包括西西里的叙拉古和奈阿波利斯（"新城"那不勒斯），因此南部意大利得名"大希腊"（Magna Graecia）。位于意大利中西部地区的拉丁姆处在伊特鲁里亚和大希腊之间陆路沟通的天然交汇点上，为陆上沟通提供便利。文化上的相互交流对罗马早期的发展产生了重要影响。

考古发掘显示，早在青铜时代（公元前1000年之前）罗马地区就有人类存在。帕拉丁山上第一个重要的定居地是于公元前8

地图1　早期罗马和意大利

世纪青铜时代所建的一些木屋。这表明公元前753年这一传统的罗马建城日期或许比我们认为的更加准确。在公元前7世纪，帕拉丁山上的这些最初定居点和其他几座山丘上的定居点联合起来，罗马出现了城市的雏形。我们只能从文献记载中找到导致这一重要发展的某些线索。有关罗马七王传说最为引人注目的一点是两个晚期国王的名字，卢修斯·塔克文尼乌斯·普利斯库斯和卢修斯·塔克文尼乌斯·苏佩布，他们并非拉丁人，而是伊特鲁里亚人。从山丘上分散的定居点到罗马城的转变似乎是在伊特鲁里亚人统治时期完成的。

谁是伊特鲁里亚人？有关这一问题，学者们争论了数世纪之久。关于伊特鲁里亚人的起源并不是很清楚，但至少到公元前900年，甚至可能在更早的前1200年，他们就已定居在罗马的西北部地区，也就是今天的托斯卡纳。我们迄今已发现数千枚伊特鲁里亚铭文，但令人苦恼的是无人能够解读这些文字，原因是伊特鲁里亚人并不属印欧人种，因此没有与之并列的现存语言进行对比。我们对伊特鲁里亚文化的了解全部来自考古，尤其是伊特鲁里亚城镇周边那些精美的亡者之城（*necropoleis*）。华丽的墓穴壁画描绘了宴会、舞蹈和包括角斗比赛在内的体育竞技等场景，组成了伊特鲁里亚葬礼仪式的一部分。这些保留至今的艺术和手工作品受到希腊人文化的强烈影响。而正是通过伊特鲁里亚人，希腊文化第一次被输入罗马。

伊特鲁里亚人对早期罗马产生了深远的影响。罗马（Roma）这个名字可能就是个伊特鲁里亚词（Ruma）。公元前6世纪出现的罗马城是仿照伊特鲁里亚城市建立的。在卡匹托尔山的城市心脏地带坐落着罗马最伟大的神庙,献给以下三位神灵:朱庇特、朱诺和密涅瓦。根据罗马传统记载,这座神庙始建于伊特鲁里亚国王卢修斯·塔克文尼乌斯·普利斯库斯统治时期。卡匹托尔三神让人想起伊特鲁里亚三位一体式的神灵:提尼、乌尼和门弗拉。罗马市政结构也是对典型的伊特鲁里亚城网格结构的模仿,而罗马的房屋同样也是伊特鲁里亚房屋构造的再现:有一个中庭通向宴会厅,从那里又有连接卧室的门。伊特鲁里亚人的建筑设计风格也在罗马身上留下印记。高架渠和桥梁、排水系统以及大量使用的拱门和穹隆都带有伊特鲁里亚风格,这些在后来均成为罗马建筑的典型特征。

伊特鲁里亚文化对罗马的影响并非仅限于物质层面。正如罗马传统所认为的那样,罗马人的一些宗教行为也起源于伊特鲁里亚,其中包括内脏占卜术,即通过观察献祭动物的内脏以求得神灵的旨意。罗马角斗士比赛之所以如此流行可能也是因为受到伊特鲁里亚葬礼表演的影响。代表罗马共和国权威的一些象征之物同样跟伊特鲁里亚有关。比如,李维认为,罗马高级官员所穿的紫色宽边白底托加长袍以及他们执行公务时所坐的象牙圈椅都和伊特鲁里亚有关。还有"法西斯"(*fasces*),这是由一捆木棍中间绑着一把斧头而制成的束棒。它最初由12名侍卫扛着,后者作为国王的扈从和保镖跟随其左右。到了共和国时代,这样的荣誉被授予每名执政官。

到公元前6世纪晚期,伊特鲁里亚人已成为意大利北部和中部地区的一支统治性力量。虽说伊特鲁里亚人影响甚广，罗马却从未成为一个伊特鲁里亚城市。正如罗马人在此后反复表明的那样，能从遭遇的势力中不断吸收和适应而不丧失自身认同，是天才的罗马人所拥有的一个极其重要的天赋。就像几个世纪后的希腊人一样，伊特鲁里亚人对罗马文化所作的贡献厥功甚伟，但最终却臣服在罗马统治之下。伊特鲁里亚国王被逐并未中断伊特鲁里亚对罗马的影响力，但它再一次印证了罗马政治的独立性，同时也标志着罗马开始逐渐壮大起来。共和国的成形完全是罗马自身发展的产物。

第二章
共和国的形成

　　罗马共和国并不是一夜之间产生的。塔克文·苏佩布在公元前510年被逐仅仅标志着罗马在风雨飘摇的漫漫征程中迈向伟大的第一步,此后的数个世纪充满了内忧外患。在这种严酷的考验下,共和国被锻造出来,罗马逐渐征服了意大利地区并向更远处扩张。独具特色的罗马共和国政治和社会结构开始形成,并孕育出在古代世界前所未见的一种力量。

　　虽说我们对罗马共和国成长阶段的了解要胜过传说中的王政时代,但还远谈不上多么深入。从王政衰落到罗马确立对意大利中南部控制权的皮洛士战争(公元前280—前275),这中间相隔200多年。李维的《建城以来史》对于几乎连绵不绝的战争和内部冲突的记载令人困惑,而那些更早的记录却在高卢兵团于公元前387年左右攻陷罗马城时就遗失了。不过,重要叙事还算清晰。从公元前510年到前275年,罗马逐渐建立起在意大利半岛的支配地位。罗马人的统治将意大利众多民族联合起来,从北部的伊特鲁里亚人到南部的希腊诸城邦。这些民族在罗马的领导下形成一个持续向外扩张的联盟,对罗马的成功起到了至关重要的作用。对外扩张和罗马内部的成长也紧密结合在一起。同一时期，伴随着一系列危机，罗马社会和政治开始转型。传统上这些危机被称为"阶层斗争"。到公元前3世纪早期，斗争在以元老院和罗马人民（*senatus populusque Romanus*，简称*SPQR*）集体领导制为特征的政治构架中得到解决，而正是这种结构定义了罗马共和国。

征服意大利

早在伊特鲁里亚国王统治时代，罗马人就已开始向周围的拉丁民族施加统治力。推翻君主政制激起了对正在形成中的共和国的抵抗。遭到驱逐的塔克文家族加入了由周边城市联合体组成的拉丁同盟军队。公元前5世纪初，可能是在公元前499年或前496年，罗马人在图斯库伦附近的雷吉鲁斯湖畔遭遇拉丁军队。战斗十分激烈，根据传说，罗马人在狄俄斯库里神（即卡斯托尔和波吕克斯，特洛伊公主海伦的两个孪生兄弟）的帮助下最终获胜。据说正是这两位神化身年轻的骑士，让罗马军队重整旗鼓。战争的胜利最终让罗马的军事实力跃居其毗邻的民族之上，为拉丁姆平原的统一打下基础。

在雷吉鲁斯湖畔战役之后的两个多世纪里，罗马人和拉丁人打造的同盟网络是在崛起途中迈出的关键一步。对罗马的同盟国来说，每个拉丁城市不必缴纳贡品，却需要提供一定数量的士兵，在罗马将军的带领下于罗马军中服役。拉丁人有资格公平地分享战争中获得的任何战利品，同时当外敌进犯时也会得到罗马的保护。此外，拉丁同盟城邦更紧密地和罗马社会融合在一起。罗马人和拉丁人之间可以签订有效经济协议，其在法律上对双方均具约束力。双方可以通婚，孩子是婚姻的合法产物。

以古代社会的标准衡量，很难说罗马–拉丁同盟多么具有革命性。同一时期的古希腊正处在个体城邦的统治下。这些城邦极具独立性，同时又彼此嫉妒对方所享有的权利。从这方面看，罗马共和国和拉丁同盟间的关系有着非同寻常的复杂性。在罗马的带领下，拉丁人的人口规模和军事力量迅速增长，这也使罗马突破了城邦国家的局限，而这一点正是像雅典和斯巴达这类城邦从未做到过的。罗马给予拉丁同盟的特权非常具有吸引力，所以它的强大建立在齐心协力而非暴力镇压的基础之上。在随后的几个世纪里，虽然面临着扩张和汉尼拔入侵意大利带来的压力，拉丁同盟的大部分成员依然做到了对罗马保持忠诚。但是，因为罗马并不向同盟者索取财力上的支持，因此只有在战争阶段，拉丁同盟成员被征召入伍之时，罗马的优势才清楚地体现出来。罗马人需要维护这种优越性，同时也需要履行保护拉丁同盟的义务，这进而促使罗马在整个共和国时期保持其侵略性。

即便有拉丁同盟的协助，在初期阶段，罗马共和国仍难以将统治力施加到拉丁姆之外的其他地区。经过一个世纪的斗争，罗马才逐渐在意大利中部站稳脚跟。然而，灾难接踵而至。公元前390年（据传统记载），更可能在前387年，来自北部的一批高卢入侵者席卷而下。这支部队首先越过伊特鲁里亚，在打败了一支罗马军队后，逼近罗马城。罗马最后一批守军守住了卡匹托尔山，但城池落入敌军之手。此后，直到公元410年阿拉里克率领的哥特人攻入基督教化的罗马为止,这座城市八个世纪以来始终未被外敌攻破。

高卢人攻陷罗马成为罗马早期历史上最著名的片段之一,和这场灾难有关的故事逐渐变为传说。据李维记载,当高卢人侵入罗马城时,罗马元老坐在家中,如雕像一般镇定自若。直到一个好奇的高卢人触摸了一名罗马贵族的胡须,后者摸起一个象牙制品砸到了这个野蛮人头上,元老们就地遭到屠杀。若非朱诺女神的圣鹅鸣起警报,卡匹托尔山上的堡垒在某天夜里就被攻陷了。元老院甚至讨论了放弃罗马城的可能性,直到据说附近的一个高卢百人队队长告诉他的手下"我们也应就此收手",此话被当作神谕传至罗马。

事实上,几乎可以肯定地说,罗马遭劫一事被夸大了。这场灾难毫无疑问引发的是一场心理效应,这体现在直到300多年后,在恺撒发动的高卢战争中,罗马对高卢人的恨意依然十分明显。但考古证据表明罗马城因高卢人入侵而遭到破坏的痕迹很少。另外,此次劫难似乎并未使罗马的实力受损。罗马共和国迅速复苏,并在塞尔维乌斯城墙(这座城墙的修建后来被记在罗马倒数第二位国王,塞尔维乌斯·图利乌斯的名下)的防护下阻止了之后的入侵者对罗马城的再次进犯。在公元前4世纪剩余的时间里,罗马继续向外扩张,尤其是把矛头对准了意大利南部地区。正是在此时,罗马遇到了他们在意大利最强的敌手——萨莫奈人。

萨莫奈人是活跃于亚平宁山脊地带的一个强悍的山地民族。公元前5世纪他们就已迁徙到坎帕尼亚平原,并攻占了伊特

图2　描绘罗马将军法比乌斯会见萨莫奈人头领凡尼乌斯的埃斯奎林历史
残片

鲁里亚人建立的城市卡普阿。罗马人向南部的坎帕尼亚进军加剧了双方的冲突，并引发了三次萨莫奈战争。第一次萨莫奈战争（公元前343—前341）虽不过是一次小规模的战斗，却产生了严重的后果。在公元前338年，卡普阿和罗马之间签订协约，这标志着罗马人的同盟网络已蔓延至拉丁姆以外地区。他们从罗马得到的权利和罗马赋予拉丁人的权利略有不同。卡普阿和其他意大利同盟者同样都需向罗马提供士兵以换取保护并分享战利品。另外，他们还要向罗马缴纳一份年贡，其享有的民事特权也比拉丁人要少。和意大利同盟者之间的关系进一步增强了罗马的资源储备和军事实力，尽管同时给意大利人施加的限制也造成了双方关系的紧张，这最终在共和国最后一个世纪里引发了战争。

罗马和萨莫奈人的竞争在第二次萨莫奈战争中（公元前327—前304）达到白热化。公元前321年，罗马的出击致使他们在卡夫丁峡谷遭到一次耻辱性的失败。落败的罗马士兵被迫从象征屈服的牛轭下钻过。然而，失败只能让罗马人变得更加坚韧。罗马成功的奥秘不仅在于其强大的军事实力，或许更是由于罗马人对自身命运的坚定信念和拒绝放弃的精神。正如将来反复上演的那样，罗马再一次重整旗鼓，回到原地，期待复仇。萨莫奈人无法单枪匹马对抗罗马，于是他们联合了高卢人、伊特鲁里亚人以及其他意大利民族，为阻止罗马霸权的扩张而做出最后一次尝试。在公元前295年的森提乌姆一役中，罗马及其同盟者完胜萨莫奈联军。此次战役确立了罗马共和国作为意大利半岛头号霸主的地位。

在征服意大利的过程中，罗马面临的最后一个敌人带来了前所未有的挑战。向南意大利的扩张让罗马人进一步接触到了"大希腊"地区的希腊城市。其中某些城市欢迎罗马的到来，但随着与罗马之间紧张局势的升级，塔兰托城将目光转向东部地区，期待能从中获得援助将罗马人赶走。塔兰托人的呼吁在公元前280年得到了伊庇鲁斯国王（今阿尔巴尼亚）皮洛士的回应。皮洛士是亚历山大大帝在公元前323年死后，为数不多的几个统治着分裂的东地中海希腊语区的国王之一。皮洛士既野心勃勃，又具有丰富的战斗经验。他率领着一支由20 000名步兵、3 000名骑兵，以及约20头大象组成的强大军队来到意大利。这样的阵仗是罗马人此前从未见过的。

皮洛士指挥的职业军队比罗马以往所经历的任何对手都要强大。在头两次战役中，也就是公元前280年的赫拉克利亚之战及次年的阿斯库鲁姆之战，罗马均遭遇惨败。但这两场胜利也让皮洛士付出了高昂的代价。尤其是阿斯库鲁姆战役令皮洛士的精装步兵伤亡惨重，以至于他沮丧地评论道："如果对罗马人再来一次这样的胜利，我们将被彻底击垮。"最终，罗马顽强的抵抗迫使皮洛士退往西西里。他在公元前275年再次登陆意大利，并最终被罗马人击败于贝内文托。皮洛士放弃了意大利（后来，当他在进攻希腊阿尔戈斯城时，被一名老妪扔来的屋瓦击中头部身亡），塔兰托投降。到公元前270年，整个大希腊地区都被纳入罗马人的同盟网络。罗马毫无争议地成了意大利的霸主。

元老院和罗马人民

在征服意大利途中，罗马共和国的社会和政治结构不断完善。在王制衰落后，罗马的贵族统治集团最初仅由一定数量的大家族构成，合起来被称为"贵族"（patres，"父老们"）。只有贵族家族——比如克洛狄家族、尤利家族和科尔涅利家族——出身的成员才有资格担任宗教或政治领域内的职务。世袭贵族以外的所有罗马公民都是"平民"。因此，尽管平民中包含了那些最贫穷的公民，但不能将平民简单地看作"穷人"从而将之和贵族出身的"富人"对立起来。一些富裕的平民拥有和贵族一样多的土地，但由于他们并非来自贵族家族，因此不能担任公职。贵族和平民之间的矛盾变得不可避免。双方最早的纷争来自贵族对平民的剥削。随着时间的推移，相对富裕的平民成员便动员广泛的平民群体，希望从中寻求支持以获取平等的政治权力。平民派争取社会和政治权利的漫长斗争被称为"阶层斗争"。

如果史料中的编年无误的话，那么"阶层斗争"开始于共和国建立后的头20年。在公元前494年，反对的声音出现了，起因是不满贵族对陷入债务危机的平民采取的举措。较为贫困的平民为共和国军队提供了大量兵员，而与此同时在军中他们又在为维持生计的来源，即一块田地而挣扎。许多人转向贵族寻求支援，这却让他们受到虐待，甚至沦为债主的奴隶。随着贵族控制了罗马政坛，平民们在现存体制下愈加感到无助。他们的解决办法是举行罢工。公元前494年，当军队受命出征之时，平民们却聚集在罗马城外拒绝行动，直到贵族做出一定的表态。这就是所谓的"第一次平民撤离运动"。贵族被迫让步，他们给予平民参加其自行组织的公民大会，即平民议事会（*Concilium Plebis*）的权利。与此同时，平民可以选举自己的官员——平民保民官，来保护自身权利不受侵犯。

阶层斗争的第二个爆发点源自贵族对法律的控制。早期罗马没有成文法典，司法问题取决于习俗性质的非成文法，裁决权掌握在贵族手中。比如，即便有保民官的保护，债务奴隶制同样让平民很容易受到贵族的欺凌。约公元前450年，对专制性贵族司法体系的抗争使得《十二铜表法》出炉。这是罗马历史上的第一部成文法典。此后，平民至少可以了解这部法律，他们的地位也逐渐得以巩固。到公元前4世纪末期，罗马公民因债务而沦为奴隶的制度被废除。与此同时，所有公民都拥有了向罗马人民上诉来反抗罗马官员之决定的权利。这一抗争的顶点是公元前287年《霍腾西阿法》的出台。根据此法，在平民议事会中通过的法案对包括贵族在内的所有罗马人民都具有约束力。

在阶层斗争过程中，罗马人民有了一定的保障。同时，在某种程度上也可以参与到国家事务中来。然而，平民阶层中那些较为富裕的成员并不满足于此。他们要求在政治上扮演更重要的角色，向贵族垄断权力提出挑战。贵族再一次被迫做出让步。在历经一个多世纪的持续冲突后，公元前367年通过的法律允许平民参与执政官的竞选，次年就产生了第一位平民出身的执政官。从公元前342年以后，每年度选出的两名执政官中，按要求必须有一个是平民。最终，罗马政治和宗教方面的重要官职几乎全部向平民开放。由出身决定的贵族和平民间的界限依然存在，但罗马共和国的统治阶级却扩大了。一个全新的贵族阶层产生了，它既包括原来的贵族群体，也有来自平民阶层的显贵。到公元前3世纪早期，这个合二为一的新贵族群体已牢固确立起来。罗马共和国独特的政治架构中的三个关键要素也在这一时期成形，分别是：官员、元老院和人民大会。

官员每年从这一新贵阶层被选出以负责政府日常事务的运转。位居首席的官员是两名执政官，他们拥有最高治权（*imperium*）——这是罗马国王曾经拥有的权力。在任期间，执政官是国家行政和军事上的首脑。他们主持元老院，根据需求提出法律议案，同时在战场上指挥军队。获得执政官席位通常象征一个罗马贵族在仕途上的顶峰。罗马历法就是按照当年担任这一最高官职的人的名字来纪年的。对独裁制度的痛恨导致塔克文·苏佩布被逐，这一仇恨至此仍未消除。两名执政官当选可以阻止其中一人掌握过多权力，而执政官职位的任期只有一年。

位于执政官职位之下的是较次级别的官员，也是每年选举更换。主要的官职是法务官、营造官、财务官和平民保民官。法务官是除执政官外唯一握有最高治权的官员，也就是拥有统帅军队和主持元老院会议的权力。法务官的权力次于执政官，其主要职责集中在民事以及后来的行省司法领域。在法务官之下是营造官，他们主要负责罗马市政维护，体现在道路、供水、食物以及竞赛等方面。位次最低的官员是财务官，主要负责财政和法律方面的事务。随着国力增强导致罗马政府负担的加重,位于执政官以下的三个官职的具体数量和职责也不断增加。

保民官在某种程度上不同于其他官员。保民官职位产生于公元前494年第一次平民撤离运动后,最初它是对富裕平民阶层开放的唯一的官职。每年有10名保民官当选,其主要职能是保护平民利益不受贵族官员不当行为的侵犯。出于这一原因,保民官拥有较广泛的权力,包括有权为被政府官员逮捕的公民提供支持,宣布另一名官员的行为无效,以及在平民议事会提出立法议案等。理论上,保民官的人身是神圣不可侵犯的,尽管这并不能对那些试图利用该职务提出激进政策的人加以保护。这方面最有名的例子是公元前2世纪的格拉古兄弟。

另外一个稍不寻常的官职是监察官。关于这一职位,大约每五年进行一次选举,每次选出两名监察官。但在卸任前他们必须完成其所承担的任务(最长不得超过18个月)。其主要职责是校订公民名单,并对公民财产和道德做出评估。这其中包括对元老院进行重新审定,如为元老院招募新成员,同时从元老院名单中剔除那些行为不端者。因此,监察官是一个极富声望的官职,因此几乎总是由前执政官出任。罗马共和国时期最著名的监察官是老加图(也被叫作监察官加图),他在公元前184年上任。加图坚定地认为,同祖先们相比,在他所处的时代罗马公民持有的道德标准已经退化了。作为监察官,他将那些对罗马传统嗤之以鼻的人逐出元老院。他还曾严厉斥责在白天当着女儿的面和妻子拥抱的某位元老。

以上这些官职共同组成了所谓的"荣誉阶梯"（*cursus honorum*）。这是一名优秀的罗马贵族需要担任的一个官职序列。根据传统仕途标准，一个人首次担任公职也就是财务官的最低年龄是28岁左右。然后，他可能会成为一名营造官或一名平民保民官。在这之后，他才能谋求法务官的职位。那些已经积累了足够声望的人或许会首先竞选执政官席位，此后再担任监察官。每一职位之间的空窗期通常是两年。在公元前1世纪，对那些重要官职规定了就职者的最低年龄标准，法务官是39岁，执政官则是42岁。但这些规定未必总能得到严格执行。精英群体之间对官位的竞争十分激烈，而某些个人又不断对现状做出挑战。然而，只有在共和国最后一个世纪中，握有充分权力的个人才出现，他们

图3　公元前1世纪早期的"多米提乌斯-阿赫诺巴尔布斯祭坛"（实际是一个塑像底座）上呈现的人口普查场景

控制了那些最高职位,进而对共和国制度的根基造成威胁。

罗马共和国时期的所有官职都存在一定的关键共性,体现在罗马人希望对个人权力加以约束。官位需要通过竞选获得,且任期有限,还需要和一个或多个同僚共同分享治权。当然,以上规则也有例外之处。根据情况需要,一名执政官或法务官在其一年任期的最后可以延长他们手中的最高治权,此后成为前执政官和前法务官,尽管这种延长权力的做法直到公元前1世纪才变得较为普遍。另一个较不寻常的例外是独裁官职位。尽管敌视专制制度,当处在某些形势下,国家需要一名单独的领导者时,罗马对此也是认可的。在紧急状况下,一名独裁者被授予超级治权来监管国家。他的任期只有6个月或仅限于危急期内,不管是哪一种情况,期限都更短。共和国后期,尤利乌斯·恺撒持有的"终身独裁官"职位在罗马人看来无疑是有悖于这一传统的,这也成了他被刺身亡的一个主要原因。

官员是罗马共和国宪政制度的执行者,负责处理政府的日常事务,担当政治和军事领导人的角色。但在共和国早期,真正的权力并不掌握在某些官员手中,而在权力集体化的元老院。自成年后的一生中,一名罗马贵族的政治生涯很短暂,需要进行年度选举的传统也让他们在任期间积累的经验有限。这在某些时候暴露了共和国体制的弱点,尤其是执政官衔的将领面对诸如皮洛士和汉尼拔这样的职业军人的时候。因此,官员需要遵循元老院的指导,后者早在王政时代就已成为给国王提供建议的贵族议事机构。一名官员本身就是元老院的一分子。卸职后,他又成了一名普通的元老。重大决定总是先在元老院进行辩论，尤其是有关对外政策、市政管理以及财政方面的事务必须置于元老院的监管之下。所以，元老院才是共和国政府的真正基石。

决策由元老院提出，但还要经过共和国体制中的第三个要素即公民大会的确认后方可实施。公民大会负责法律的批准及所有官员的年度选举。罗马有几个不同形式的公民大会，但共和国时期最为重要的两个分别是百人大会（*Comitia Centuriata*）和平民议事会。百人大会选举产生执政官、法务官以及负责对外宣战。平民议事会选举产生平民保民官，并负责通过由保民官提出的平民决议。尽管这些公民大会在理论上是罗马最高权力机构，但现实中依然要服从元老院指导。召集大会的官员只将那些已在元老院讨论过的议案拿到公民大会上去表决，而公民大会也几乎总会批准元老院的决定。这一复杂的体制既认可每名公民在政府事务上的发言权，而在实践中又将一切控制在贵族群体手中。罗马共和国由元老院和罗马人民进行统治，非常符合这一次序。

共和国宪政制度是罗马人民的独特创造。在一定程度上，罗马人民拥有最高权力，但罗马又不是一个民主国家，面对来自人民的各种刁难，它要比古典时代的雅典强大得多。统治罗马的古老氏族门第以及平民新贵有清晰的界定，但同时也会接纳新鲜血液。另外这种体制所拥有的现实灵活性又是同样军国主义化的斯巴达人所欠缺的。在任的官员拥有执政权，但年度选举造成的限制以及元老院的集体领导制又能阻止任一个体攫取独裁权力。

罗马共和国是一个稳定、保守却又不失变通的政府形态，它是成就罗马伟大的平台。在富有竞争和尚武精神的元老院精英的驱使下，罗马在意大利建立了霸权，并最终成为广袤的地中海世界的霸主。这是共和国的胜利，但同时也造成了它的毁灭。因为通向帝国的征途中产生的巨大压力给共和国肌体带来了无法承受之重。

男人、女人和诸神

罗马共和国在历史上是一个真实存在的实体，一个复杂而有活力的世界，但与此同时又总能保持鲜明的罗马人特色。它的社会结构呈等级化的金字塔状，从位居顶端的元老院贵族到小农和手工业者，再到提供大量劳动力的众多奴隶。但这一结构绝不僵化，处于世袭精英阶层外的优秀人士总能够获得提升自身地位的渠道，这是罗马强大优势的体现之一。在日常生活中，最基本的单位是家庭。若非必然从实践层面而言，理论上的家庭由父权性质下的"父家长"（*paterfamilias*）所支配。女人在家庭中起到的作用大多是从属性的，不过她们在罗马历史上的地位很难从主要由男性书写的文献资料中获得公正的评价。在罗马社会的所有层面，公私领域并非截然分开，而是通过共同的文化和宗教价值观黏合在一起，塑造了罗马人的自身认同。

尊威和荣耀

早在公元前5世纪中叶，羽翼未丰的罗马共和国发现自身正处在意大利中部地区周边民族的进攻之下。形势十分危急，因此罗马任命了一名独裁官，即卢修斯·昆克提乌斯·辛辛那图斯。

李维讲到了这个故事：

辛辛那图斯——罗马将其生存的全部希望所托付的那个人，当时正在台伯河西岸的三亩农田（今天的昆克提草场）里进行劳作，那里正对着今天造船厂的那个位置。从城中赶来的一个使团发现他正在自家田地里劳动：挖一个沟渠或犁地之类。彼此问候之后，他为自己和祖国做了祈求神灵祝福的祷告。随后被要求穿上托加长袍，听取元老院指示。使者们带来的消息自然让他感到吃惊。在询问了一切是否安然无恙之后，他让妻子拉西里娅跑回茅舍取来托加长袍。妻子把托加拿来，在擦干他满是泥垢和汗水的双手和面颊后，他穿上了托加。从城内赶来的代表立即向他敬礼，并祝贺其成为独裁官。他们邀请他进入罗马城，并告知了他面临的严峻困难。

辛辛那图斯进入罗马城，接受了独裁官一职。他号召所有符合入伍年龄的男性公民带着武器集合起来，带队出征，打了一个漂亮的胜仗。在这之后，他返回罗马举行了凯旋式。被俘敌军将领走在他的战车前面，战车后则跟着他的士兵以及缴获的战利品。在这之后，辛辛那图斯卸任独裁官。他在任仅15天。

这个故事是真实的吗？其实这一点并不重要。卢修斯·昆克提乌斯·辛辛那图斯作为理想罗马人的典范而被人怀念。在他生活的年代，这个首屈一指的人物是个农民，用自己的双手在

图4 辛辛那提的辛辛那图斯雕像（现代作品）

薄田里辛苦劳作。在和来自罗马元老院的使团接洽后，并在听取代表们的指示之前，他穿上托加袍。同时，在接受他们的请求前，他擦干了手上的汗水。通过战场上的胜利，他获得了荣耀，举行了凯旋仪式。随后他放下权力，因为他对国家福祉的关心要大过个人荣誉。因此，辛辛那图斯展现出了罗马共和国日后迈向伟大所需要的一切个人品质。罗马人的早期历史中充满了这种英雄式的例子，比如卢克雷提娅的自殉激励了卢修斯·尤尼乌斯·布鲁图斯推翻王政；还有普布利乌斯·贺拉提乌斯·科克勒斯在台伯河的桥上死守以抵抗伊特鲁里亚国王拉尔斯·波尔西那；再如盖乌斯·法布里奇乌斯抵抗皮洛士进攻，但当他发现皮洛士的医生正打算向主人投毒之时，又提醒了这位国王。

通过这些故事，我们可以一窥罗马人是如何看待他们的祖先及其自身的。传统认为早期罗马正处在黄金时代，生活于其中的人们过着一种未被过量奢侈物腐蚀的简单生活。从这种有德行的生活中，他们获得了诸神的青睐，并在逆境中积蓄力量，从而令其超越周围其他民族。后世的罗马人学着模仿并超越他们的英雄祖先。正是这种模仿促使罗马共和国不断扩张，给罗马带来了前世所无法想象的财富。伴随着共和国在混乱和内战中坍塌，罗马人将这一结果归咎为道德的衰退和祖先品格的丧失，以此来解释自身的命运。

共和国早期那些最伟大的英雄人物多来自罗马社会的最上层，即元老院精英阶层。随着王制的灭亡，在罗马，能够跻身元老院成为一个人社会和政治地位的首要标志。那些最古老的门第，如尤利家族、费边家族、科尔涅利家族均将他们的血统上溯至国王时代甚至更远古的岁月，在共和国历史上形成了一种世袭显贵集团。但元老精英并非一个封闭的排他性群体，而是对新鲜血液保持开放。"阶层斗争"见证了富裕的平民获得与古老显贵同等的权利，在此后的几百年中，一些外来者也慢慢地获得了元老的地位。这些个人被称为"新人"，也就是一个家庭中第一个进入元老院或第一个达到执政官级别的人，其中包含了共和国历史上那些熠熠生辉的人物：老加图、盖乌斯·马略和马尔库斯·图利乌斯·西塞罗。

理论上，罗马元老院是一个由平等人组成的机构。但在精英集团内部，荣誉也是分等级的。当元老院开会辩论之时，首先发言的人是主持会议的两名执政官。随后的发言者依次是资历最深的前执政官、法务官和前法务官，直至资深元老中的最后一位。青年元老通常不会说话，而那些发言者又几乎总听从年长者的指挥。因此，元老院是个保守性质的团体，其中最年长者和资历最深者拥有强大的权力。元老院的领袖，也就是排在执政官后发言的那一位，叫"首席元老"，是元老院诸平等者之第一人。后来的奥古斯都采用了这一头衔，作为和罗马首位皇帝相匹配的一个称呼。

一个人在元老院中的身份和地位取决于他所拥有的"尊威"（*dignitas*）。这是个较复杂的概念，它和英文单词dignity（尊严）在含义上有许多微妙的差别。尊威体现的是个人价值及其家庭价值的总和。那些曾担任过高级官职尤其是执政官的人，要比没有担任过这些官职的人拥有更多的尊威。那些名门之后继承更多的尊威，而个人的行为也能提升（或损坏）本人及其家庭的尊威。总之，一名男性提高尊威的最重要途径就是获取"荣耀"（gloria）。在共和国时代的罗马，最高形式的荣耀是通过战争获得的，也就是通过率领军队获胜来赢取。每一名罗马贵族都会通过追求荣耀来增添尊威，进而超越元老等级化体系中的其他对手。

辛辛那图斯的故事就是元老们对这一理想渴慕以求的一个集中体现。当他被召唤来担任独裁官之时，辛辛那图斯就已获得了尊威，因为无人能对这一任命提出挑战。随后，通过战场上的胜利，他进一步获得了荣耀，这在元老院授予他举行凯旋式一事上得到认可。举行凯旋式是一名在战场上获胜的罗马将领能获得的最高形式的荣誉。将军率领胜利之师穿罗马城而游行，展示着那些在战争中缴获的俘虏和战利品。凯旋队伍从位于城外的马尔斯校场出发，从那里沿路进入罗马城，再南下至大竞技场，然后向北拐进神圣大道，再穿越罗马广场。当将领抵达位于卡匹托尔山上的至尊至大朱庇特神庙后，将领要举行谢神祭来感谢诸神的支持，凯旋仪式也在此刻达到高潮。

历史上英雄们的传说故事，以及和他们的事迹相关的各类纪念品，自童年起就萦绕在每一代元老精英的周围。即便在家内，著名祖先也会注视着他们的后代。生活于罗马帝国早期的老普林尼曾对安放于共和国时期罗马贵族家中的那些塑像做了这样的描述：

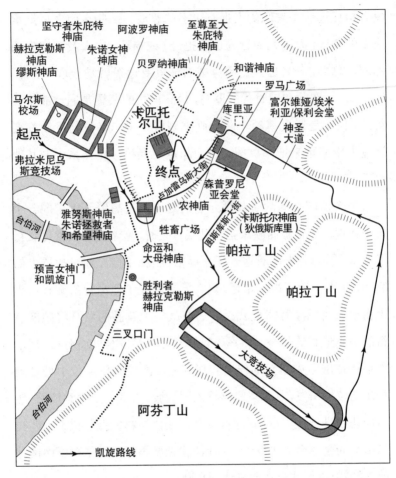

坚守者朱庇特
神庙
阿波罗神庙
至尊至大
朱庇特
神庙
赫拉克勒斯
神庙
缪斯神庙
朱诺女神
神庙
贝罗纳神庙
和谐神庙
罗马广场
马尔斯
校场
卡匹托
尔山
富尔维娅/埃米
利亚/保利会堂
神圣
大道
起点
库里亚
弗拉米尼乌
斯竞技场
终点
卢加霍乌斯大街
森普罗尼
亚会堂
合伯河
雅努斯神庙,
朱诺拯救者
和希望神庙
衣神庙
图斯库斯大街
卡斯托尔神庙
(狄俄斯库里)
牲畜广场
帕拉丁山
预言女神门
和凯旋门
命运和
大母神庙
帕拉丁山
胜利者
赫拉克勒斯
神庙
三叉口门
台伯河
大竞技场
阿芬丁山

→ 凯旋路线

地图2　穿罗马城而入的凯旋式路线图

　　它们并不是由外国艺人制作的青铜或大理石雕像，而是家族成员的蜡制面具（*imagines*），被展放在逝者的骨灰瓮上。这样，这些遗容就会被抬着出现在家庭葬礼的游行中。因为每当家中有人去世，所有仍在世的抑或死去的家庭成员都必须到场。家谱用线串在一起追根溯源，还连着许多手绘的肖像。存放祖先档案的屋子里堆满了书籍、记录以及他们担任公职期间有关其功绩的文字资料。房外和屋门—过梁处摆放着这些著名人物的其他肖像制品。从敌人手中夺取的战利品被系在了他们曾居住过的房门之上。即便是后来买了这家房子的人，也被禁止将之从门上取下来。因此，随着主人不断变更，房子像是在举行一个未曾中断的凯旋式。

获得尊威和荣耀的需求给元老精英带来压力，这对罗马共和国历史产生了重要的影响，关于这一点怎么强调都不过分。罗马社会和政治生活的主导者们从一出生就被鼓励为获得荣誉而彼此竞争，效仿并超越祖先们取得的功业。其结果是促进了罗马共和国的军事拓展，并成为罗马崛起的关键因素。但精英间的竞争也为罗马共和国的衰亡埋下伏笔。对尊威和荣耀的渴望激励了共和国历史上的所有佼佼者们，从战胜汉尼拔的西庇阿·阿非利加努斯到"伟大者"庞培再到尤利乌斯·恺撒。随着某些贵族获得了前所未有的成就，竞争不仅在彼此之间展开，同时也将元老院的集体权力牵扯进来。个人尊威的重要性超越了为国家服务的宗旨，直到一人最终获得大权，让整个罗马屈从于其个人意志之下。

农民、商人和奴隶

在元老贵族阶层之下，罗马人的社会分化并不太清晰。在共和国晚期，仅次于元老院精英的另一群体被称为"骑士"。这个群体的成员大量从事商业和手工业等活动，而这两个领域在共和国早期社会中起到的作用非常有限。罗马自由民中的大部分是小农，他们平时在自己的土地上劳作，战时应征从军。他们通过"庇护人和门客"这一纽带和罗马精英群体团结在一起，这种关系对维持罗马社会的和谐起到至关重要的作用。庇护人为门客提供保护和经济援助。反过来，门客要为庇护人提供人力和政治上的支持，尤其是在投票和公共事务方面。二者之间的关系是非正式的，不受法律约束。因此，这种关系有遭到滥用的危险，但实际发生的情况则较为少见。拥有来自众多且忠诚的门客支持，对于一个贵族庇护人的尊威非常重要。而庇护人-门客的关系也是较贫穷的罗马人所能得到的少数福利之一。

在海外征服的光辉岁月中，小农是罗马军队的中坚力量。罗马共和国早期并没有一支常备或职业化军队。在战争爆发时应召为兵，这在当时是十分普遍的情况。不打仗的时候，他们还要返乡务农。无产者不能够服兵役，起初是因为一名士兵需自带武器参战。随着罗马军事需求的逐渐增加，国家开始给士兵支付薪水，同时负责提供武器和装备。这进一步确保了罗马士兵着装和战场上战术的统一化。但只有具备一定财产的人才可从军打仗的惯例依然没有改变，符合这一条件的人被叫作农民兵（*assidui*），也就是拥有服兵役资格的人。这一点到了共和国晚期危机频发时发生了改变，这种变化直接导致了罗马共和国的灭亡。

罗马人口中还包含数量庞大的非罗马公民，随着罗马霸权的扩张，这一人数也进一步增加。显然，其中数量最多而且最重要的一个群体是奴隶，这一群体对罗马社会和经济的发展起到至关重要的作用。奴隶制在古代世界极为常见。在《十二铜表法》于大约公元前450年出台之时，奴隶制就已经在罗马牢固确立起来了。男性和女性家内奴隶在贵族家庭生活中承担了许多职责，从餐饮到清洁到教育再到娱乐领域无所不包。在乡下，奴隶在贵族的庄园和国有矿场中劳动。罗马共和国最初的几个世纪中，奴隶多来自意大利战争中的战俘。但随着罗马霸权扩张到地中海地区，奴隶的数量激增。比如仅仅是公元前167年的马其顿战争，从伊庇鲁斯获得的奴隶就有15万人。在尤利乌斯·恺撒征服高卢期间，共有50万人沦为奴隶。

和近代的奴隶制相比，种族问题似乎没有给罗马人的生活造成多大影响。晚近历史上黑奴被贩卖到美洲大陆的故事在罗马时期没有先例。相比之下，某些民族因其充当的特定角色反而受到重视。罗马人因希腊盛产教师和家仆而对之赞赏有加，而高卢人和其他"野蛮人"则被认为是干农活的行家里手。那些在家内从事劳动的人或许比田地里的劳动者待遇更好，而更不幸的奴隶则被送往矿场。尽管他们可能会受到非常粗暴的对待，但罗马奴隶有一个优势，那就是和希腊人不同，罗马允许那些获得自由的奴隶尝到拥有一定（并非全部）罗马公民权的甜头。这些被释奴（*liberti*）需要对原主人保持忠诚。在罗马帝国时代，一些出色的被释奴有机会获得巨大的财富和权力。

在向外扩张和社会变革的过程中，罗马经济的基础依然是农业。对绝大多数罗马人来说，他们关心的首要问题仍然只是如何生产出足够的粮食以养活自己。甚至对贵族来说，对土地的占有依然是财富的基础。然而，罗马向地中海霸权帝国的转变不可避免地对其经济生活产生了巨大影响。这集中体现在罗马货币的诞生上。早期罗马社会没有铸币，所有剩余农产品都要拿到临时市场上进行以物易物的交换。到公元前4世纪，罗马人才铸造出具有固定重量的铜锭来充当唯一的"货币"。在和南部意大利的希腊人逐渐接触后，罗马人采用了较为复杂的货币形式。在公元前3世纪，罗马第一次铸造出了自己的铜币和银币，包括阿斯（*as*）、塞斯特尔提乌斯（*sestertius*）和第纳里乌斯（*denarius*）。公元前2世纪以后，随着贵金属的大量涌入，尤其是罗马人从迦太基手中夺取了西班牙的银矿，罗马铸币数量成倍增加。到公元前最后一个世纪，罗马货币在整个地中海世界得到广泛流通。

对货币经济的需求反映了人们对罗马政府不断提高的期许，以及贸易日渐增长的重要性。这两者都需要比物物交换更便捷的交易方式的出现。国家需要用货币为出征士兵支付薪水，而随着帝国的形成，政府负担也日益加重。税收弥补了支付给士兵的货币，为罗马货币的流通提供了一个简单但有效的基础。在意大利及海外地区，罗马的道路系统最初是服务于军事目的而铺设的，却为人和物的运输提供了便利。公元前3世纪罗马人打败迦太基让其控制了西部海上贸易渠道，同时还打通了远至印度及中国的东方线路。这类贸易的大部分货物是农产品，尤其是从西西里和北非运到罗马城的粮食。但最有利可图的商品是进口到意大利的奢侈品，从希腊的艺术品到亚洲的丝绸和香料，不一而足。日益复杂的经济体系给罗马带来了巨额利润，但这主要造福于那些拥有财富进行消费的人。在整个罗马历史当中，人口的大部分依然不得不继续依赖农业养活自己。

父母与子女，丈夫和妻子

和几乎所有的其他人类社会一样，在罗马共和国的日常生活中，最基本的社会单位是家庭。正如一个微型的罗马社会，罗马家庭所反映出的准则塑造了共和国的历史。罗马人的名字是认同感的体现，对于元老阶层的贵族来说尤其如此。而男性和女性所扮演的传统家庭角色则反映了罗马社会中的父权制理想。现实则显得更加复杂一些，其受到诸如寿命、儿童死亡率及婚姻期待等关键因素的影响。外在环境也起到一定作用。罗马房屋将私人空间和公共空间融合在一起，为居住其中的人设立目标或期待。

在一个将祖先和尊威视作社会地位的重要标签的世界中，姓名显得极为重要。罗马共和国男性贵族的三段式名字强调的是家庭而非个人认同。对一名男性来说，像盖乌斯或马尔库斯这样的居首位的名字（*praenomen*）并不起眼。只有在对话中，和他关系最亲密的人才会用到这个名字。仅有不超过20个首名被保留下来。通常长子和父亲的首名是相同的。更为重要的是位于中间的那个名字（*nomen gentile*），它是一个人的家族或氏族名（*gens*）。从该名字上可以断定此人是出身贵族（如尤利乌斯、法比乌斯、科尔涅利乌斯）还是平民（如森普罗尼乌斯、庞培乌斯、图利乌斯），因此它对定义一个人在社会等级中的位置至关重要。而属于同一个家族中的不同家庭通过第三个名字（*cognomen*）来区分，它往往来源于一个人的绰号。比如马尔库斯·图利乌斯·西塞罗的第三个名字的含义最初是"鹰嘴豆"。而大名鼎鼎的盖乌斯·尤利乌斯·恺撒可能会为他的第三个名字感到尴尬（"恺撒"明显暗示了一头茂密的头发，而这位独裁者却是个秃顶）。

和男性相比，女人的名字则要简洁得多。女性不需要首名，同时她们也很少有第三个名字。罗马妇女的名字是其父亲所属家族名的阴性形式。所以恺撒的女儿叫作尤利娅，西塞罗的女儿叫图利娅。年长和年幼的女儿则通过额外添加表示大小的数字来加以区分，比如老大（*prima*）、老二（*secunda*）等。因此，从一个罗马人的名字就可以看出他（她）的社会地位、家族史，甚至他（她）是否为家中最年长的子女。而这些又给他们为达到家族祖先为其设定的标准增加了压力。

根据理想化的罗马家庭模型，一家之长被称为"父家长"，也就是家中还活着的最年长的男性。在一个父权制社会中，父家长拥有支配妻子、子女及子孙后代的父权。至少从理论上说，他在法律上所拥有的权力是绝对的。他可以统筹安排所有婚姻，决定生下的婴儿是抚养还是遗弃。他甚至可以下令处死成年的子女，或者不经审判将其变卖为奴。事实上，父亲杀死自己儿子的做法极其罕见，我们听到的此类事迹仅来自早在共和国时代就已恶声远扬的那些例子。能够为我们提供有关罗马人家庭生活一瞥的少数材料则显示了一个更为复杂甚至友爱的环境，这些材料中较为著名的是西塞罗的书信。他的妻子特雷提娅是一名公认的颇为强势的女性，她管理着家内一切事务，并且安排了他们的女儿图利娅的婚事。西塞罗和特雷提娅的关系紧张，并最终以离婚收场，但西塞罗却深爱着图利娅。在罗马父家长冷峻的理想化形象背后，西塞罗父女的例子依然能够让我们感受到罗马父母和子女的那一丝温情。

寿命和儿童死亡率所体现出的严峻事实同样对罗马人的家庭观产生了巨大影响。罗马共和国处在前工业化社会，人口出生率非常高，大约每年1 000个人之中有35—40个是新生儿。但这个社会死亡率也很高。罗马人出生后的平均寿命低于30岁，甚至只有25岁。然而，这个数字是被儿童超高的死亡率拉低的，差不多约有半数的儿童在10岁前死去。遗弃女婴同样提高了死亡率，尽管这一现象在古罗马究竟有多普遍还不是很清楚。一旦一个人活到了二十多岁的年龄，那么这些成人的平均寿命在55岁左右。女孩首次婚嫁的年龄往往是在青春期末段，而男性则通常选择在25到30岁这个年龄段结婚。

由于寿命短，再加上男性比女性晚婚，这就会产生一个重要的结果。相比年长许多的丈夫，女方更可能年纪轻轻就成为寡妇，不过男人也可能因妻子死于生产而成为鳏夫。此外，贵族间的婚姻通常出于政治目的，离婚和再婚较为普遍。罗马家庭成员间在年龄上的较大差距，以及一户家庭中的子女拥有不同父母的现象，使得罗马家庭具有较强的流动性。公元前59年，作为"三头"协议的一部分，庞培娶了"三头"中另一成员尤利乌斯·恺撒的女儿尤利娅为妻。当时的庞培年近五十，比他的新岳父还大六岁。同时他已经有了三个孩子，而尤利娅则成了他的第四任妻子。当时，尤利娅可能还是个少女，此前从未结过婚。尽管困难重重，这个婚姻最终证明了两人是真爱。同时该联姻又使庞培和恺撒联合在一起，直到尤利娅在公元前54年因难产而死为止。

共和国上层阶级的家庭生活的成功和失败均在独属于罗马人的环境中才能发生。罗马城市人口的大多数都居住在被叫作"因苏拉"（*insulae*）的多层公寓里面，这类建筑至今只有几所保留下来。而那些极其富有奢华的乡间别墅直到共和国晚期才开始出现，并于帝国时代开始流行起来。但罗马共和国精英们居住的典型房屋被称作"道慕斯"（*domus*）。接待客人的中庭及与此衔接的几个房间是宅邸主人会见门客和处理政务的地方。这里存放着家庭档案，伟大祖先们的面具在此处俯视着后代，为家庭守护神奉献的祭品也放于此处。房屋的后部是宴会厅和卧室，女性在这些房间中拥有主导权。但罗马房屋并不存在按性别划分的特定区域，同时私人空间和公共空间之间也没有严格界限。尤其是中庭，它既是特权的实体化象征，同时又体现了罗马精英们的职责所在。

除了女儿和妻子，我们对于占罗马人口半数的女性所扮演的其他角色知之甚少。书写历史的男性更关心政治和战争。以父权制的视角看待罗马社会，理想化的女性形象是卢克雷提娅，一边在家中纺织一边等待丈夫归来。在遭到强暴后，卢克雷提娅

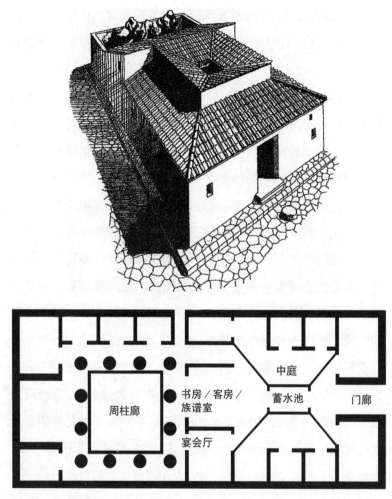

地图3　罗马房屋复原及平面图

的自杀将家庭荣誉置于个人生命之上。四个半世纪之后，尤利乌斯·恺撒，罗马共和国历史上最声名狼藉的奸夫之一，在一个可疑的宴会后休掉了他清白的妻子，因为他坚称"恺撒之妻不容怀疑"。在这些故事中，女性被牢固地设置在家内的环境中。对她们的评价，往往是根据其行为对丈夫带来的影响，而不太围绕其个人。

在共和国时代，允许罗马妇女抛头露面的机会非常少。她们不能担任公职，在公民大会中也没有投票权。女性涉足政治的情况只在某些危机时刻才会发生，比如在传说时代，劫掠萨宾妇女就是一例。宗教几乎是妇女在公共空间发挥主导作用的唯一场所。罗马最负盛名的女祭司被称为维斯塔贞女，其诞生甚至早于罗马城建立的年代，因为据说罗慕路斯的母亲瑞娅·西尔维娅就是一名维斯塔贞女。这些女祭司敬奉灶神维斯塔，她们的主要职责是看守维斯塔祭坛中永恒不熄的圣火。这些祭司从出身罗马的贵族家庭，年龄在6—10岁的女孩里选出，需要服侍至少30年的时间。有些人选择终生服侍，但退了休的女祭司可以结婚，并广受尊敬。在服侍期间，其必须严格遵守所立誓言。如果圣火熄灭，维斯塔贞女要接受鞭罚。若是在任期间失掉贞操，则会遭到活埋的酷刑。当城邦出现危机的时候，人们往往怀疑是维斯塔贞女的堕落引起了神祇的愤怒。在坎尼会战惨败给汉尼拔后，两名维斯塔贞女就被下令坑杀（其中一人在遭此惩处前自杀）。

但罗马妇女不只是被简化了的少数贞女祭司和英雄原型的形象。女性在家中操持家务和其他经济事务，包括做饭、制衣以及哺育孩子等。精英群体以外的妇女还可以协助丈夫开店、管理庄园，尤其是当男人们离家外出，在遥远的他乡经年累月参加战争的时候。元老们的妻子可能接受过较高的教育。她们同样需要维护贵族的尊威，而且要效法先人，让子孙具备一个标准的罗马人所应有的举止规范。据说汉尼拔的征服者，西庇阿·阿非利加努斯的女儿科尔涅利娅经常鞭策她的两个儿子提比略·格拉古和盖乌斯·格拉古，强调罗马人还未称其为格拉古兄弟之母，以此催促二人投身到政治运动中去。在格拉古兄弟死后，前来造访科尔涅利娅的贵宾络绎不绝。这些人中既有罗马贵族，又有在职的外国国王。普鲁塔克记载道："最令他们钦佩的是，当她谈起两个儿子事迹的时候，她脸上既无悲伤之情也无泪水流出。她仅仅是向前来探听的人追忆格拉古兄弟的功绩和命运，似乎在叙述着那些发生在上古罗马的故事一般。"

创作于公元前1世纪晚期，被称为"图利娅颂词"的一篇匿名墓志铭，记录了共和国时期所有那些被遗忘了的罗马女性。在这个仅有残篇留存于世的铭文中，某个丈夫颂扬了他那在结婚四十余载后过世的妻子（可能名叫图利娅）。在公元前1世纪内战期间，当丈夫遭到流放，她依然不离不弃，并代表丈夫从恺撒·奥古斯都那里获得"仁慈"的美名。她因具有忠贞、顺从、勤劳和谦逊等美德而受到赞誉。她极其恪守一名罗马妇女应有的本分，以至于当她无法在婚姻生活中为丈夫生育子女之时，她主动提出离婚的请求，以便丈夫可以寻找一位能够帮他传宗接代的伴侣。对此，这位丈夫做出如下回应：

　　想想在命中注定之事发生前，我们就应考虑到总有分开的那一天，想想你可能怀有这样的念头，即当我还活着的时候你便离我而去。然而当我遭受流放甚至在死去以后，你依然对我充满忠诚！拥有孩子的需求和渴望是有多么强烈，才让我因此破坏这份忠诚，为未来的不定改变已然确定的事实？但再也不会这样了！作为妻子你与我长相厮守，因为假如没有为我本人带来的耻辱和发生在二人之间的不幸，我本不该向你屈服……你配得上所有，但我并没有给你我应给的一切。我将你的遗愿视作法律，无论将来发生什么，我都会尽我所能来完成。我祈祷你的在天之灵能够得到安息和守护。

诸神之和平

团结罗马社会的最后一个关键要素是宗教。在古罗马人既无法理解又无法操控的诸多力量所塑造的不定世界中，对神的信念提供了一个抚慰心灵和保障的方式。回首过去，历史学家李维认为，与其说罗马的崛起得益于共和国独特的宪政制度和军事力量，不如说更多是来自神灵的庇佑，而后者正是靠罗马先辈们的虔诚和高贵品德获得的。然而，不管共和时期罗马人的信仰在当代人眼中看上去多么怪异，宗教都是罗马人生活各个方面最为核心的一部分。罗马人在家中会举行一些小型敬神仪式，因为这些神看护着整个家庭。此外还有大型的祭祀和游行，以此来向守护国家的最高神明表达敬意。通过观察鸟类的飞行以及分析献祭动物的内脏来寻求神谕。如果没有得到神灵的许可，是不可以进行选举和对外宣战的。

关于宗教生活，就像其他领域一样，罗马人也从许多地方获取灵感。罗马最高的神灵是由朱庇特（宙斯）统治的奥林匹亚众神。当罗马共和国成立的时候，对宙斯的祭拜就已经在罗马牢固地建立起来。与奥林匹亚诸神并排站立的是意大利本土神祇，从奎里努斯到雅努斯。前者和被神化的罗慕路斯有关，后者是一个双面门神，其神庙位于罗马广场附近，只有当和平完全到来之时，雅努斯门才会关闭（据说在皇帝奥古斯都统治之前，这个仪式在罗马历史上只举行过两次）。罗马"自身"也享有一个人格化的形象，即"罗马神"。在更个人的层面，罗马人家中还有两座神龛，分别供奉的是拉雷斯和皮那特斯，二者是家庭的守护之神。

这个多元化的万神系统对新来者一直敞开大门。能够将外国神明吸收进来是罗马更强大的一个标志，同时它也在罗马人及其他被战胜的敌人之间建立了纽带。从伊特鲁里亚人那里，罗马人引入了脏卜师，即通过观察献祭动物的内脏来占卜的人。斯普利那，也就是曾警告尤利乌斯·恺撒要"留意三月十五日"这一天的那名预言者就是一个脏卜师。罗马最有名的神谕是西比拉预言书。它是由罗马最后一名国王塔克文·苏佩布从库迈的女预言家西比尔那里获得的。西比尔提供给塔克文共九卷的预言集，但塔克文拒绝支付她金钱。于是西比尔焚毁了三卷，把剩下的六卷以同样的价钱卖给了他。当再次遭到拒绝后，她又烧掉三卷，直到塔克文花钱买下了仅存的三卷。它们被放在了卡匹托尔山上的朱庇特神庙内，只有当国家面临重大危机的关头才能取出查阅。正是在西比拉预言书的命令下，罗马人在和汉尼拔战争期间将对大母神库柏勒的崇拜从小亚细亚引入罗马。作为战胜意大利的外来侵入者的保护神，她的形象（一个陨石）被安放在帕拉丁山上一座新落成的神庙中得到崇拜，尽管罗马公民被禁止参与祭拜库柏勒的狂欢仪式。

因此，罗马宗教具有高度的包容性。罗马人并不会把自己的神灵强加到那些被征服者头上，但他们将被战胜之敌的习俗引入到自己的祭拜中去。但我们也应该避免在同某些一神化的宗教如基督教和伊斯兰教比较时，将罗马宗教形容得更具宽容性。宽容意味着一个定义明确的事实，即其他对象被允许继续存在下去。罗马多神教既不宽容，也非狭隘。它只是从他者中吸收某些宗教化的行为，同时不会出于某种特定的宗教目的对对方进行镇压。的确，在公元前186年，祭拜狄俄尼索斯的酒神节由于元老院出台的命令而遭到暂时性镇压。但它本质上是一个公共法令，被用来管控那些狄俄尼索斯的追随者因喝酒狂欢而造成的骚乱。此后，酒神崇拜以更为人们所接受的方式继续存在。唯一的例外是，犹太人因其特殊的宗教认同给罗马带来威胁，但犹太教团体直到共和国最后一个世纪才在罗马站稳脚跟。只有到了帝国时代，罗马人和犹太人之间，以及这两个群体同新产生的基督徒之间，较大规模的暴力冲突才爆发出来。

罗马五花八门的宗教崇拜各有其传统的形式及仪式。不要指望它们之间有一致性，也没有一个由所有罗马人共同维护的神圣典籍或教义存在。将这些不同元素凝聚在一起的力量是在一个充满危险的世界之中，人类寻求指引和安全的普世性需求。而

图5　狄俄尼索斯崇拜,秘仪别墅(庞贝)

这一需要通过罗马宗教中的一条根本准则表达出来,那就是"诸神之和平"。众神是强大的,同时也是令人畏惧的。通过正确的仪式和祷告,罗马人试图将神的青睐留在身边,同时平息神的愤怒。在得病和生育期间,人们会寻求神的庇护,而处在险境下的个体也会向神灵寻求安全和昌盛。家内祭祀中奉献的祭品是为了一个家庭的福祉,在公共节日上这么做同样出于国家利益。对于像李维这样的罗马人而言,共和国最后一个世纪的灾难只能归咎于道德以及让罗马变得强大的"虔诚"(*pietas*)的缺失。

相信"诸神之和平"以及人神之间关系的至关重要性是理解罗马宗教所具备的几点独特之处的基础。和更看重个体虔诚和祷告的基督教相比，罗马宗教具有更强的公共性。从私人家庭典礼到城邦节日，公众参与到这类共同仪式中去，为集体福祉向神发出呼唤，这要比信仰的个体表达更为重要。出于同样的原因，能够完美地呈现所有仪式而避免错误和中断也被置于一个非常重要的位置。即使是微小的失误，比如在祷告中结巴，或献祭动物的异常举动，都会让整个仪式重新进行。这种对程式和演示的痴迷反映了罗马人更看重正确的行为（orthopraxy）而非正确的信仰（orthodoxy）。在当代人看来这似乎有点缺乏人情，但我们也不能因此就认为罗马人对宗教的态度都是真诚的。罗马传统中有大量故事讲的是那些怠慢神灵的人的遭遇。普布利乌斯·克洛狄乌斯·普尔喀是德雷帕拿的罗马舰队司令，时值公元前249年第一次布匿战争和迦太基人作战期间，在进入战场前，这位司令官忽视了神的不祥预言。当他得知圣鸡拒绝吃食时，他一把将这些小鸡扔进了海里，嚷嚷着说"那就让它们喝水吧"。这次战役的惨败也终结了普尔喀的政治生涯。对那些遭受神灵惩罚的人来说，这种命运是适得其所的。

仪式的举办是为了公众福祉，因此那些主持宗教典礼的人都是其所在社区的领导者，他们主导着社会及政治事件。家内的宗教仪式是由父家长主持。国家祭祀则由政府官员主持，这些人也往往担任祭祀类的职务。与许多其他古代文化不同，罗马没有专门的宗教职位，仅有少量祭司和女祭司（维斯塔贞女）是全职的。

绝大多数罗马祭司都是来自元老精英中的男性公民,对他们而言,宗教职责和政治生涯是不可分割的。罗马有许多不同的神职团体,从负责占卜神谕的卜鸟官到应元老院要求查阅西比拉预言书的十人圣仪团。地位最高的祭司是大祭司长。他是大祭司团的头领,其首要职责是监察宗教法律,确保"诸神之和平"。从公元前63年直至公元前44年死去,尤利乌斯·恺撒一直担任大祭司长职务。共和国灭亡后,这个头衔被皇帝继承,在诸神和人类面前,代表了整个国家。

在罗马,宗教和政治的紧密结合让那些认为"国家"和"教会"之间应有清晰界限的现代观察者们深感忧虑。罗马贵族当然也出于政治目的而操纵宗教。公元前59年,执政官马尔库斯·卡普尔尼乌斯·比布鲁斯为反对他的政敌兼同僚尤利乌斯·恺撒,声称他一直在"观察神谕"。从技术层面而言,这一宗教理由可以让恺撒的所有举动无效化。但像这样明目张胆地操控宗教只能适可而止,因为此类问题关系重大。像西塞罗这样的知识分子对当时的信仰可能持有怀疑论的观点,但他依然对众神和"诸神之和平"抱有敬意。在现代人眼中,罗马人对宗教持有的态度可能是非个人化的或是政治化的。但这更多是来自我们而非罗马人的期待。数不胜数的神灵、庙宇、仪式和节日组成了罗马宗教的多元世界,数个世纪来满足着人们极为真实的需求,并在共和国消失许久之后依然发挥着作用。

第四章

迦太基必须毁灭

到公元前275年，定义了罗马共和国的政治和社会结构已牢固地建立起来。元老院的集体领导制既提供了稳定的环境，又疏导了贵族的野心。公民大会和选举给了罗马公民一个发声的渠道，而农业经济又为罗马军队提供了人力支持。罗马的同盟网络从周边的拉丁民族一直延展到大希腊地区的城市。这让罗马的资源储备更为雄厚，进而实现了对意大利中部和南部的控制。

但罗马仍然只是一方霸主。其影响力仅存在于意大利半岛内，而对于更广阔的地中海事务，罗马起到的作用十分有限。然而，到公元前3世纪，这一情况开始发生转变。罗马人的视线拓展到意大利以外，这让罗马和北非城邦迦太基之间爆发了直接冲突，而后者是罗马共和国建立以来所面对的最危险的敌人。从公元前264年到前146年间，两大强国之间的霸权争夺战差点让罗马倒在了迦太基脚下。这场战争也让罗马拥有了一段最为跌宕起伏的故事，并造就了一批英雄。通过三次"布匿"战争，罗马最终击败了迦太基，从此成为地中海上真正的霸主。

历史是由胜利者书写的。古迦太基几乎没有什么遗迹保留下来，也没有布匿文字记录他们和罗马之间旷日持久的战争。我

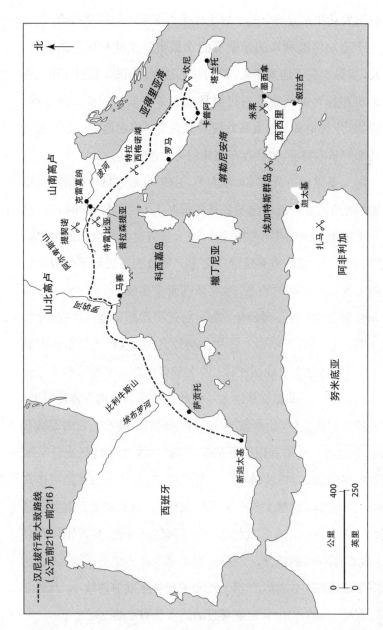

地图 4　迦太基帝国和布匿战争

们对迦太基和布匿战争的了解主要来自李维所写的罗马史，以及出生于迈加洛波利斯的亲罗马的希腊史学家波利比阿的记载。因此，实际上关于迦太基人，我们知之甚少。同时，我们对迦太基人动机和行为的观察是透过罗马敌人带有偏见的镜片进行的。尽管如此，对定义了迦太基并使其成为罗马崛起途中一个可怕对手的那些基本特征，依然存在重构的可能性。

迦太基建于公元前800年左右，由来自东方城市提尔（今黎巴嫩）的殖民者所造。建城者是腓尼基人（拉丁名为*punici*），这是一个靠海上贸易生存的民族。迦太基就坐落在今天的突尼斯城岬角处一个极佳的天然港口之上。所处的理想地理位置让它控制着西部地中海的贸易，迦太基因而发展成一个商业帝国，其触角穿越北非，延及西班牙、撒丁尼亚和西西里地区。在古代，迦太基的富饶无人不知。波利比阿称其为"世界上最富裕的城市"。和罗马这个农业国相比，迦太基有大量从事贸易和手工业的人口。这一特征能够从迦太基的政治和军事结构中体现出来。迦太基是寡头政体，由最富裕的几个家庭进行统治。它的军队基本上是由迦太基军官指挥下的雇佣兵组成，其中包括来自努米底亚的精装骑兵，以及虽然并非全然可靠，但令人胆寒的可作武器的北非象群（这些大象今天已经灭绝）。迦太基更为重要的是它的海军力量。它拥有200艘左右五列桨座战舰，桨帆船长约45米，舰首配有镶铜撞角。每艘军舰配备300名桨手并能运载120名海军战士参与作战。在第一次布匿战争爆发前的数年，西地中海一直处于实力强大且训练有素的迦太基海军的支配之下。

第一次布匿战争

　　罗马共和国在崛起途中和迦太基发生了冲突。两个国家早期的交往是相对友好的。在皮洛士战争期间，罗马和迦太基之间订立了条约，彼此合作，共同抵抗皮洛士的侵略。但在皮洛士战败后，罗马获得了南意大利的控制权，这让后者开始干涉西西里事务。然而，当时的西西里正处在迦太基的势力范围内。迦太基同位于西西里的希腊城邦之间的战争持续了数百年，而这些城邦中最强大的是叙拉古。公元前288年，一支自称马默尔提尼斯人（马尔斯神的儿子）的意大利雇佣兵侵占了西西里人的城市墨西拿。马默尔提尼斯人不加区分地蹂躏了迦太基人和叙拉古人的领地，这激起了周边所有邻国的敌意。公元前265年，墨西拿城内的敌对派分别向罗马和迦太基求援。迦太基人首先做出回应，派出一支舰队赶往，但罗马军队旋即在西西里登陆。一名迦太基将领投降献出了墨西拿（因此举动，后来他被钉死在十字架上）。叙拉古和罗马结成同盟共同对抗迦太基。公元前264年，第一次布匿战争爆发。

　　迦太基人和西西里之间的交往由来已久，因此他们对来自墨西拿的请求做出回应是易于理解的。但罗马人为何响应了马默尔提尼斯人的求援？其中的一个动机是恐惧。因为罗马人担心迦太基借此机会占领西西里，进而给操控在罗马手中的意大利带来威胁。同时，罗马人对保持意大利同盟者的忠诚也十分在意。通过援助马默尔提尼斯人，罗马向其盟友表明，当后者处于危难之际，罗马人会施以援手，以此表明它的"信任"（*fides*）。罗马史料往往乐于强调恐惧和信任是战争动机，因为罗马人声称他们发动战争只是出于保护自身或朋友的需要。这些动机的确存在，但罗马人不会将整个事实和盘托出。罗马社会是围绕战争和征服带来的经济效益而运转的。与此同时，罗马贵族之间为了获得军事荣耀而彼此竞争。军队的统帅是执政官，而所有的重大决定都必须要经过元老院的辩论后才能做出。因此，元老贵族集团是战争的努力推动者。

在同墨西拿的冲突发生后不久，西西里的陆上战争很快变得相持不下。迦太基主要依赖沿海城市的防御，而罗马在攻城战争中的经验明显不足。迦太基军舰不断为沿海城镇提供补给，甚至能够通过海路运输战象。这一僵局再加上迦太基海军不断骚扰意大利沿海，促使罗马第一次组建了一支拥有战斗力的海军。此前罗马已经拥有少量船舰，但军舰体积较小，装备陈旧，完全无法和迦太基人所拥有的最顶尖的战舰相媲美。得益于一支迦太基五列桨座战舰搁浅，罗马人硬是在60天内仿造出了120艘自己的五列桨座军舰。船上水手均是从意大利南部城市的希腊同盟者中招募而来。

罗马史料在描述这段历史的时候，言辞可能稍有夸大，但他们白手起家建造出自己的舰队绝对是共和国历史上最杰出的成就之一，也是对罗马人组织天分的致敬。和迦太基海军相比，为了弥补技术和经验的不足，罗马人在他们的船上配备了"鸦喙"（*corvus*）。这种倾斜的木板尾端镶嵌的铁钉可以将两艘船钉在一起，这样被固定的甲板就变成陆地战争的战场。配备这一武器的罗马新型战舰在公元前260年的米莱战役中大获全胜。共有50艘迦太基军舰被俘获，后来这些船只的船喙被用来装饰罗马广场上的柱子，以纪念战役的指挥官盖乌斯·杜伊利乌斯。

横空出世的罗马海军改变了战争的走向。公元前265—前255年，当罗马人察觉机会来临之时，他们将一支部队用军舰送往阿非利加，试图给迦太基本土造成威胁。然而，这支军队被斯巴达人科桑西普斯所指挥的雇佣兵打败。随后罗马的救援舰队又遇到了一场猛烈的风暴。这次海难共摧毁了280艘船只，其中超过10万名桨手和士兵葬身海底。第二支舰队在公元前253年再次遭遇风暴，其部分原因是在恶劣的天气下，"鸦喙"让罗马船队更易于受损。后来，由于罗马指挥官普布利乌斯·克洛狄乌斯·普尔喀把圣鸡扔下甲板而引起了神的愤怒，让迦太基人在公元前249年获得了德雷帕拿海战的胜利。就像在陆地上进行的战争一样，海战也变成了消耗战，任何一方都很难占到便宜。

到公元前240年，战争进入第三个十年，双方都已精疲力竭。可能有占意大利人力资源20%的人口死于海上风暴和战争，但罗马人依然拒绝议和，反而越走越远。他们征收新税，贵族强制自己购买国债。每三个元老需提供一艘战舰。因此，更多的军舰被建造出来。罗马人终于在公元前241年于西西里西部海域的埃加特斯群岛附近获得海战的最终胜利。迦太基被迫求和。

根据条约，战败的迦太基人放弃了西西里。此外，尽管没有失掉其他领土，他们还要赔偿3 200个塔伦特银币（重量约100

吨）。巨额赔款让迦太基举国难支，条约甫一签订就立即引起了一场大规模的雇佣兵造反，一直持续到公元前237年。罗马人又趁迦太基虚弱之际侵占了撒丁尼亚，并威胁要和迦太基重开战火，除非后者追加支付价值1 200塔伦特的贡物。迦太基人除了接受这一苛刻的条款外别无选择。但是罗马人的蛮横只能激起迦太基人更大的愤懑。就像2 000多年后的《凡尔赛和约》一样，第一次布匿战争的结束为日后的冲突埋下了种子。

第一次布匿战争不仅展示了罗马在军事和经济重压之下所具有的韧性，也证明了在巨大压力之下罗马同盟者的忠诚。在战争结束时，西西里成了第一个向罗马缴纳赋税的行省。和意大利同盟者不同，罗马人派一名法务官做西西里的总督，除了有当地驻扎的小规模军队作后盾外，他还在一名财务官的协助下监督赋税征收。除此以外没有增设其他的官僚机构。罗马人喜欢保留现有的社会和政治架构，并借地方精英之手实施统治。西西里这种简单灵活的体制为罗马所有行省行政制度提供了范例，很快就被引入到撒丁尼亚。

汉尼拔和西庇阿

在丢掉西西里和撒丁尼亚之后，迦太基转向了它位于西班牙的最后一份海外殖民地。迦太基人从那里开始向外扩张领土，通过开采丰富的西班牙银矿来支付罗马人的贡赋。西班牙的总指挥官是哈米尔卡·巴卡（"雷暴者"），他决定恢复迦太基的荣光，一雪前耻。据说哈米尔卡为此让年仅9岁的儿子发誓成为罗马人的一生之敌。他的儿子名叫汉尼拔——就个人而言，这是罗马共和国面临的最强对手，或许也是古代西方世界最为杰出的军事统帅。汉尼拔的形象在李维的笔下已成为不朽：

> 在其麾下，将士们的勇猛和自信淋漓尽致地展现出来。他在危险面前毫无畏惧，一旦机会到来，就能展露极高的战术能力。无论在体力还是精神上，他从未感到过一丝疲倦。他可以忍受极炎热或极寒冷的气候，并甘之如饴。吃喝并非为满足口腹之欲，而是为了保持身体的强健……无论是在马背还是陆地上，作为战士，无人能出其右。冲锋陷阵时，他总是第一个奔向敌人，也是最后一个离开战场。他拥有如此众多和杰出的美德，但他的缺陷同样显著。他拥有非人般的残暴，比普通的布匿人更为狡诈，全然弃事实、荣誉、宗教、神圣誓言及所有其他人珍视的神圣之物于不顾。

正是汉尼拔把迦太基军队带向了第二次布匿战争。李维把战争爆发的主要原因归结于汉尼拔本人以及他从哈米尔卡那里继承的"巴卡血仇"式的反罗马情结。然而，现实因素更为复杂。迦太基在西班牙地区的扩张给罗马敲响了警钟。约公元前226年，罗马和迦太基签订了一项条约，规定以西班牙北部的埃布罗河为边界，各自划分势力范围。然而，罗马同西班牙城市萨贡托订立了友好协议，而后者却位于埃布罗河以南100公里处的迦太基辖区内。公元前219年，汉尼拔出兵攻打该城，给罗马提供了一个绝佳的战争理由。在迦太基拒绝了罗马提出的"交出汉尼拔进行惩罚"的请求后，第二次布匿战争于公元前218年爆发。汉尼拔的行为毫无疑问是挑衅性的，虽然罗马声称是为了保护同盟国，其实它迫不及待地想要参战。所以，"历史上最刻骨铭心的战争"（李维语）就这样爆发了。

罗马一度打算在西班牙和北非的迦太基领土作战。但等到罗马军队就绪之时，汉尼拔已经向阿尔卑斯山进发了。他决定直接侵入意大利来打击罗马人力和资源上具备的优势。所以汉尼拔放弃了交通上的便利，冒险吃力地翻越崇山峻岭。半数以上的士兵和众多大象倒在了阿尔卑斯山一个个关口，但最终，汉尼拔率领着2万余名拥有丰富战斗经验的西班牙和北非步兵，及6 000名精英骑兵（其中大部分是努米底亚人）进入了意大利。阿尔卑斯山南麓的意大利地区被称作山南高卢，它在第一次布匿战争数年后才被罗马人征服。这时，高卢土著居民造反，加入了汉尼拔的南征军。

公元前218年11月，汉尼拔的努米底亚骑兵在提契诺河边发生的小规模战斗中首获胜利。战斗结束时，罗马执政官森普罗尼乌斯·隆古斯率领的主力作战军团还未赶到。公元前218年12月的一个异常寒冷的早晨，自以为胜券在握的罗马人跨过特雷比亚河向迦太基军队发起进攻，随后战败。此役让罗马损失兵力多达2万余人。汉尼拔当即释放战斗中的所有意大利俘虏，并提出不要赎金。他宣称此举是为了"解放"罗马的同盟者。在这一阶段，汉尼拔的舆论攻势未见明显效果。在过了一个冬天之后，转眼到了公元前217年，另一支罗马军队在新当选执政官之一，盖乌斯·弗拉米尼乌斯的率领下再次碰上汉尼拔的部队。穿过伊特鲁里亚一路追赶汉尼拔的罗马军队在绕特拉西梅诺湖畔行军途中，直接陷入了敌人设好的包围圈中。这是一个雾气弥漫的清晨，汉尼拔的努米底亚骑兵切断了罗马的侧翼，致使15 000名罗马士兵在战斗中被杀或投湖而亡，其中就包括统帅弗拉米尼乌斯。

处于危急关头的罗马人任命了一名独裁官，即昆图斯·法比乌斯·马克西穆斯。其绰号为"拖延者"（Cunctator），因为法比乌斯采取了一个新战术，那就是避免和迦太基军队正面作战，以消磨汉尼拔的战斗力。这种非典型的罗马军事策略极其不受欢迎。与此同时，法比乌斯也未能阻止汉尼拔溜进意大利南部地区。公元前216年，新任执政官卢修斯·埃米利乌斯·保卢斯和盖乌斯·特伦提乌斯·瓦罗率领部队在一个叫作坎尼镇的平坦的平原地带遭遇汉尼拔。虽然罗马兵力几乎是迦太基人的两倍，汉尼拔依然成功地实现了对罗马军队的包围。随后，被困其中的罗马人惨遭屠戮。此役可能造成5万名罗马士兵被杀，这是一个多世纪以来罗马遭受的最为惨烈的一次失利。而此时的汉尼拔距罗马城仅6英里之遥。

坎尼会战是汉尼拔最具标志性的一次胜利，一举奠定了他军事天才的声名（时至今日，汉尼拔当年采取的战术仍在军官培训课程中被当作案例讲授）。他的宣传也第一次起到作用，获取了一部分罗马盟友的投奔，尤其是获得了意大利南部的希腊殖民

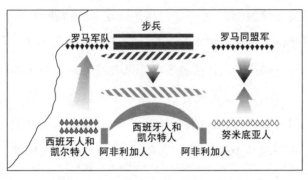

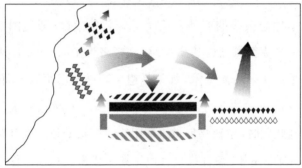

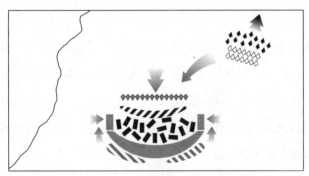

■ 罗马重装步兵		迦太基重装步兵	
▨ 罗马散兵		迦太基散兵	
◆ 罗马骑兵		◆ 迦太基骑兵	
		◇ 迦太基轻装骑兵	

地图5 坎尼会战平面图

地和位于西西里的叙拉古的支持。但汉尼拔未能对罗马城发起进攻，这可能是因为他有所顾虑，或是因为他缺乏足够的资源这么做。即便在坎尼惨败之后，罗马的意大利同盟者中的大多数依然对盟主保持忠诚。汉尼拔也让官员年度竞选这一共和国制度的弊端暴露无遗。现在罗马又再次转向"拖延者"法比乌斯·马克西穆斯，他和更加激进的马尔库斯·克洛狄乌斯·马尔凯鲁斯一起当选了执政官。这两个人被冠以"罗马的盾与剑"的美名，担负起罗马复兴的巨大使命。在一连串光辉的胜利中，汉尼拔在短短的三年时间里，让多达7万名罗马将士血溅沙场。到公元前212年，在意大利、西班牙和西西里战场，罗马人共投入了20万兵力。差不多有5万兵力被用来监视和跟踪数量较少的汉尼拔军队。这些罗马士兵再也没有投入到正面战场中去，而是牵制汉尼拔行动，并打击那些加入汉尼拔阵营的力量。此时罗马人身负着巨大压力，然而，就像在第一次布匿战争中一样，他们拒绝倒下。

在牵制住汉尼拔之后，罗马人的注意力转向了他处。马尔凯鲁斯于公元前211年攻陷了反叛城市叙拉古。阿基米德的一系列精巧发明让罗马人的攻城战打得异常辛苦。在这些武器中，据说有一个爪钩可将罗马船只从水面上吊起来；还有一种叫"蝎子"的武器，它能投射小型铁制飞镖。叙拉古城被攻陷后，阿基米德被一个无名小卒所杀。叙拉古大捷确保了罗马对西西里的控制权。马尔凯鲁斯死于公元前208年汉尼拔在意大利设的另一场伏击战。不久之后，迦太基人设法（也是唯一的一次）为汉尼拔的军队增加支援。然而，在公元前207年，在梅陶罗河附近的一场战斗中，迦太基后援军被罗马人击败。敌军统帅,汉尼拔之弟哈斯德鲁巴的头颅被扔进了汉尼拔营帐中。至此阶段,意大利战场差不多退居次席。决定性的事件正在西班牙拉开帷幕。

在汉尼拔翻越阿尔卑斯山进入意大利后,罗马将领普布利乌斯和格涅乌斯·科尔涅利乌斯·西庇阿就对迦太基人在西班牙领土发起了一系列攻击。到公元前211年,两兄弟均已战死疆场。新任统帅是普布利乌斯年仅24岁的儿子,与父重名的普布利乌斯·科尔涅利乌斯·西庇阿。这种接替在罗马历史上还是第一次。年轻的西庇阿此前从未掌过权,甚至还没有获得竞选公职的资格。但他很受欢迎,勇气十足,又是一名优秀的战士。一上任他就立即着手在西班牙重组军队。他将西班牙短剑(*gladius*)和重型长矛(*pilum*)引入军队阵容。同时,一个军团由数个中队组成,每个中队含120人,军团分为三条战线,共4 200人。这样的阵容更具灵活性,因为它能高度适应西班牙坎坷不平的地形。历史证明它甚至在和更加强硬的希腊步兵方阵对抗时同样效果显著。公元前209年,西庇阿率领着这支全新的部队,用5天的时间急行250英里,对迦太基人设在新迦太基(今卡塔赫纳)的指挥部发起了闪击战。意识到该城朝海的一面防守虚弱,西庇阿趁退潮时分,穿过一个环礁湖,攻取了新迦太基。新迦太基城的陷落让罗马控制了附近丰富的银矿资源。到公元前205年,迦太基人被迫从西班牙撤离。

公元前205年,西庇阿回到罗马城,受到英雄一样的欢迎。他趁热打铁,顺利当选执政官,并战胜了以法比乌斯·马克西穆斯为代表的那些年长的保守派元老，成为既定的北非远征军军团统帅。罗马军队在北非登陆迫使汉尼拔不得不返回迦太基加强防御。到此时，汉尼拔已经有30年没有见到故国了。西庇阿用外交手段获得了努米底亚人的支持。在公元前202年进行的扎马会战中，汉尼拔失去了军队中惯常的优势——骑兵。训练有素的罗马步兵敞开式布阵让汉尼拔军队的战象冲进来却未造成损伤。一场酣战过后，西庇阿成了最后的胜利者，汉尼拔只能求和。在两国签订的协议中，迦太基需要支付罗马1万塔伦特赔款，并在50年内分期付清。同时，迦太基人失去了北非以外的所有土地。迦太基城幸存下来，但它曾经的霸权从此不复存在。西庇阿举行了罗马有史以来最为盛大的凯旋式。为了纪念这场胜利，他获得了"阿非利加努斯"的名号。

第二次布匿战争再次验证了罗马的坚韧不拔以及罗马意大利同盟者令人击节的忠诚。汉尼拔或许拥有无可匹敌的天赋，他取得的成就也同样永垂不朽。但正如第一次迦太基战争那样，罗马人消化掉吞下去的苦果，收获的却是胜利。然而，这种胜利是付出了代价的。两次战争导致的大规模人力损耗不可避免地对罗马农业社会造成了显著影响。随着时间的推移，人口可以恢复，但社会混乱和军事扩张带来的财富所产生的合力，对罗马下一个世纪所面临的内部危机起到至关重要的作用。

对罗马而言，同样不可小觑的是强势人物的崛起。有史以来第一次，这些人手中握有的权力和荣誉对元老院的集体统治形成威胁。当西庇阿于公元前205年当选执政官，发动扎马远征之前，他仅30岁出头。在获得执政官位以前，一般需要拥有担任低级别官职的经历，而西庇阿此前从未担任过任何此类官职。他还获得了统兵权，这使他位居更年长的同代人如法比乌斯·马克西穆斯之上。西庇阿史无前例的政治履历，伴随着他取得的巨大军事胜利和获得"阿非利加努斯"（阿非利加征服者）的称号，让元老院精英中的每一个人都更难与其竞争。从后世的角度去评价，我们可以将西庇阿·阿非利加努斯视作罗马共和国历史上的第一个"军阀"，这些军阀身上具备的超凡魅力、财富和荣耀将其置于元老院的对立面。虽说元老院的集体权力依然强大，但罗马精英的竞争精神不可避免地让其中某些人试图阻挠西庇阿的成功。在罗马共和国历史最后二百年中出现了一系列军阀，并在尤利乌斯·恺撒和皇帝奥古斯都身上达到顶峰。

迦太基必须毁灭

在公元前2世纪，罗马和迦太基之间发生了最后一次冲突，尽管"第三次布匿战争"（这一名称并不恰当）更像是双方漫长斗争中的一次可悲的尾声。公元前202年后，在汉尼拔率领之下，迦太基人的活力得到一定程度的复苏，直到公元前195年他被迫流亡海外，以免被移交到罗马人手中。根据投降协议，迦太基不许主动采取任何军事行动。这个限制被邻国努米底亚利用，后者不停地侵占迦太基的领土。迦太基向罗马发出的每次求助，都遭到后者的拒绝。在公元前151年，在付清了最后一批赔款后，迦太基人开始向努米底亚发起攻击。罗马人立即做出反应，派出由鹰派元老马尔库斯·波尔奇乌斯·老加图率领的一个使团前往阿非利加进行调查。当加图回到罗马后,他坚信迦太基人对罗马再次形成了威胁。此后,每当在元老院发言之时,他都会在演讲结束时加上那句著名的"迦太基必须毁灭"(*Carthago delenda est*)的口号。

公元前149年,罗马再次派出军队出征迦太基。迦太基人答应了罗马人开出的所有条件,并主动提出放弃此前被扣押的300个人质,交出手中所有武器。然而,罗马人接着又要求迦太基人离开自己的家园,在距离大海至少10英里外的土地上建造一座新城。处于绝望中的迦太基人被迫反击,他们英雄般地抵抗了罗马长达三年之久。在经历几次挫折后,罗马人最终又选择了一位同样因过于年轻而未达到执政标准的年轻人,普布里乌斯·科尔涅利乌斯·西庇阿·埃米利阿努斯为执政官。他是西庇阿·阿非利加努斯过继到本族的孙子。正是在他的带领之下,迦太基城终于在公元前146年被攻破。整座城市被彻底摧毁,活下来的人全部被变卖为奴,城池遭到诅咒并被撒盐。从此北非成为罗马共和国的一个行省。

第五章

地中海霸主

战胜迦太基让罗马成为西部地中海的领头羊。第一次布匿战争及随后的胜利确保了罗马对西西里和撒丁尼亚的控制权。第二次布匿战争将罗马的影响力延伸至北非和西班牙。直到公元前146年,罗马才在北非建立了第一个行省。不过西西里和撒丁尼亚分别在公元前241年和前243年就已成为罗马的直属辖区。近西班牙行省和远西班牙行省均成立于公元前197年。罗马通过其政治、军事和经济上的优势对行省疆界以外地区施加压力。在地中海西部依然有抵抗罗马霸权的民族存在,而罗马军队则对西班牙的敌对部落以及随后兴起于高卢地区的凯尔特诸民族不断征伐。不过,在战胜迦太基后,西方已没有能够给罗马统治构成直接威胁的对手存在。

罗马进入希腊化世界

然而,传统上古代地中海权力的中心地带却位于东部地区。到公元前200年,希腊城邦的光辉岁月已湮灭在历史中,但希腊语言和文化依然是衡量文明的一把标尺。被亚历山大征服后,东地中海分裂为众多的王国、联盟和城市,它们的数量也一直处于变

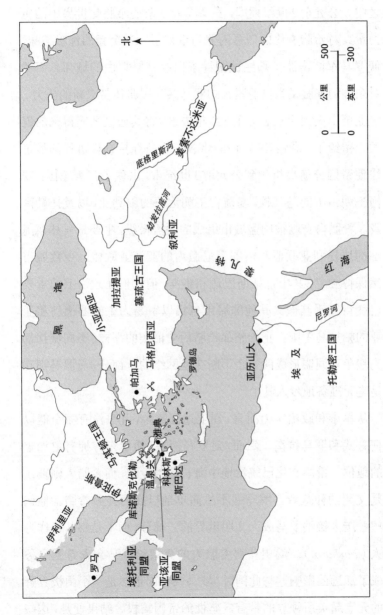

北

公里 500
英里 300

黑海

小亚细亚

加拉提亚

塞琉古王国

底格里斯河

美索不达米亚

幼发拉底河

叙利亚

巴勒斯坦

红海

尼罗河

埃及

托勒密王国

亚历山大

罗德岛

马格尼西亚

马加马

帕加马

雅典

斯巴达

科林斯

温泉关

库诺斯克伐勒

马其顿王国

色萨利

伊庇鲁斯

伊利里亚

罗马

埃托利亚同盟

亚该亚同盟

地图 6 罗马和东地中海

· 67 ·

动之中。公元前2世纪期间，罗马成为复杂的希腊化世界中的主导力量。对希腊文化的仰慕为罗马带来了一种全新的优雅趣味，即便罗马军队击溃了那些试图寻求保存希腊自由的城邦。而罗马对东方的征服又为日益紧张的罗马共和国肌体带来新的压力。

亚历山大大帝在公元前323年去世，将其通过征服得来的庞大领土留给了"最强者"。他的将领们为争夺控制权进行的战争很快使帝国分崩离析。到公元前3世纪末，出现了三大王国：安提柯王朝治下的马其顿，塞琉古王朝治下的叙利亚，以及托勒密埃及。希腊自身则被同盟城市组成的联盟操纵，主要是科林斯湾北部的埃托利亚联盟和伯罗奔尼撒内的亚该亚联盟。少数城市依然保持独立，其中包括斯巴达和雅典，但它们在政治上的重要性已变得微乎其微。其他的城市包括以贸易为主的罗德岛和亚细亚的帕加马王国。正如整部希腊历史证实的那样，不同城邦都成为战争和同盟形成的一个不断变换网络的一部分，而罗马则几乎是毫无准备地步入其中。

从军事和政治实力而言，在上述国家中，几乎没有哪个能以任何方式和罗马抗衡。然而，对罗马而言，希腊东方拥有更加重要的地位。希腊文化已统治地中海长达数世纪，而希腊人则被认为是文明的仲裁者。罗马并不想简单地以武力征服希腊。他们希望希腊人接纳罗马成为文明世界的一部分，而不是将其视作野蛮人（*barbaroi*）。渴望获得希腊人的尊敬给罗马介入希腊事务造成了深远的影响。与此同时，罗马共和国依然是一个由极具野心的元老精英所领导的带有侵略性的帝国霸权。结果便是，这些张力引发了漫长、间或带有悲剧色彩的一系列事件,最终将东地中海置于罗马统治之下。

罗马和位于东地中海的希腊文化之间的直接对话最早发生在公元前3世纪初皮洛士入侵意大利时期。在经过一番武力的洗礼后,罗马又面临来自迦太基更为紧迫的威胁,因而不得不开始慢慢将目光转向东方。罗马人渡过亚得里亚海向东方的进军发生在两次布匿战争之间,且活动范围仅限伊利里亚海岸一带。即便如此,这一举动还是引起了马其顿国王腓力五世的注意。腓力决意对侵入自身势力范围的罗马人进行抵抗,因此在坎尼会战后和汉尼拔签订了合作条约。他并没有直接援助迦太基,而所谓的"第一次马其顿战争"也在公元前205年议和的局面下结束,但罗马并未忘记或饶恕马其顿国王。公元前202年,迦太基战败。公元前200年,罗马向马其顿宣战。

现在,我们有必要退回一步,考虑一下罗马人决定发起第二次马其顿战争的重要性。公元前200年,罗马及其盟友已被旷日持久的战争耗得筋疲力尽。第二次布匿战争结束时距扎马战役也仅两年之久。但罗马故意选择在亚历山大大帝的故土上挑起冲突,事出何因?寻求复仇当然是一个因素,这就像为了抵抗马其顿可能发起的进攻而进行自卫的借口一样。罗马同样也面临着给同盟者一方提供支持的压力,后者不仅包括意大利,也包括希腊,在那里有大量城市都曾向罗马发出过援助请求。另外,还需记住的一点是,罗马渴望获得希腊人的认可。所以当希腊处于罗马保护之下时,罗马要求腓力从希腊撤军。然而,尽管存在上述动机，罗马人并不想开战。公元前200年召开的百人大会拒绝对执政官发出的宣战请求给予支持，此种情况几乎在罗马历史上仅发生过这一次。很快，公民大会再次召开以试着改变最初的决定，但罗马人的犹豫表明了精英阶层内部存在一个利益集团，最主要的成员是某些在职的高级官员。这些人事实上是希望采取军事行动的，只有通过战争，他们才能赶超西庇阿·阿非利加努斯，获得地位和荣耀，而这是由竞争精神的需求决定的。

希腊人欢迎罗马军团的到来。埃托利亚和亚该亚联盟团结在了罗马的背后。然而，战争过程并非一帆风顺。马其顿王国实力强大，因此罗马军队在战争初期获得的胜利有限。就像第二次布匿战争期间任命西庇阿一样，解决之道是选出一位有能力的将领，即便这一做法有违罗马传统。公元前198年，提图斯·昆克提乌斯·弗拉米尼努斯当选执政官。他是个亲希腊者，热爱希腊文化并能说一口流利的希腊语。因此，弗拉米尼努斯就成了获得希腊支持并提升罗马文明形象的完美之选。但当时他只有30岁出头，且在此前仅担任过财务官一职。然而，西庇阿的政治履历已经为破坏罗马共和制度开了先例。

弗拉米尼努斯有着良好的文化修养。但作为一名罗马贵族，他同样渴望获得军事荣耀。在公元前197年的库诺斯克伐勒战役中，腓力最终被击败。在世界古代军事史中，库诺斯克伐勒一役证明了军队后防线变更的必要性。经西庇阿之手发展起来的灵活军团阵型被证明优于刻板的马其顿方阵。腓力从希腊撤军，而此时每个人都屏住呼吸等待罗马的裁决。最终，在公元前196年于科林斯召开的地峡运动会上,罗马做出了决定。面对来自希腊各城邦的众多代表,弗拉米努斯喊出了"希腊自由"的口号。

> 罗马元老院和代执政官提图斯·昆克提乌斯·弗拉米尼努斯在战争中击败了腓力国王和马其顿人,使以下国家和城市的民众获得自由。这些地区将不设驻军,不纳赋税,并充分享用其祖先制定的法律。他们包括:科林斯人、福基斯人、洛克里人、优卑亚人、弗西奥蒂斯的亚该亚人、马格尼西亚人、色萨利人和佩拉埃比亚人。

根据普鲁塔克《弗拉米尼努斯传》中的记载,话音一落,人群欢呼声之响亮竟将盘旋于头顶的乌鸦震地而死。希腊人甚至将弗拉米尼努斯当作神一样敬拜。这是第一个受到如此敬拜的罗马贵族,对他的祭拜仪式甚至一直延续到三个多世纪后的普鲁塔克时代。

"自由"已作为政治宣传的主题之一贯穿人类历史。该词在希腊世界拥有特别的回响。在希腊,个体城邦为实现自治进行了长期的斗争,而亚历山大后的希腊化国王对这一理念始终抱有阳奉阴违的态度。罗马也是一样,但不同之处在于罗马人履行了他们的承诺。公元前194年,驻扎在希腊东方世界的全部罗马军队撤离。罗马在希腊不驻军队,不征赋税,不设行省。这在某种程度上是罗马实用主义的一个体现。罗马共和国既不依靠常备军,也不动用官僚体制对希腊实施直接统治。但罗马的克制同样体现出他们对希腊人及其文化的某种敬仰，罗马从未带着这份敬意对待那些地中海西部的邻族。整个公元前2世纪，为了追求军事荣耀和劫掠财富，罗马军队在西班牙进行了一系列战争，充满了血腥、毁灭和背叛。当时的西班牙恰如罗马治下的"越南"。相比之下，在东部希腊地区，罗马最初更多地依赖外交手段进行治理。这并不是说从没有暴行发生，当罗马人的权力遭受威胁时，他们就会变得残酷无情。然而，罗马不太情愿对这一地区施行直接统治。罗马人必须表现得更"文明"些，因为他们很在乎希腊人的看法。

尽管撤走了军团，公元前196年的宣言表明罗马仍将希腊置于自己的保护之下。而这无疑对希腊化国王中最富声望的那位人物构成了直接挑战，他就是塞琉古叙利亚的安条克三世。安条克是个具有扩张野心的统治者，其统治让罗马的盟友帕加马和罗德岛噤若寒蝉。公元前195年，被迦太基流放的汉尼拔投奔安条克三世，这进一步使罗马人提高了警惕。在对罗马人"自由"口号日益不满的埃托利亚联盟的支持下，安条克于公元前191年侵入希腊。

罗马立即做出回应。在温泉关（公元前480年，斯巴达人在此地抵抗波斯人入侵），安条克的部队侧翼受到攻击而退回叙利亚。执政官卢修斯·科尔涅利乌斯·西庇阿一路追击。他的当选原因部分在于其兄弟西庇阿·阿非利加努斯答应助他一臂之力。安条克兵力在数量上是罗马人的两倍，但远不如罗马军队精锐。汉尼拔大材小用，被委派指挥海军舰队，而安条克所率领的部队则在公元前189年的马格尼西亚之战中被击溃。他所支付的15 000塔伦特战争赔款甚至让扎马会战后迦太基人偿付的金额相形见绌。这也反映了获胜的罗马将领在东部世界获得的财富是多么惊人。罗马再次将军队从希腊撤离，但它对希腊和小亚细亚的统治已十分牢靠。安条克接受罗马人的命令而投降，但汉尼拔的行踪一直捉摸不定。直到公元前183年，他才在比提尼亚附近被弗拉米尼努斯发现。最终，他选择了服毒自杀，而未向罗马屈服。

被俘的希腊

此后的二十年里，在东方希腊世界，罗马延续了科林斯自由宣言以来的外交政策。没有罗马军队驻扎在东方希腊语区，罗马人也未在其领土上建立行省。自从罗马和位于"大希腊"的南意大利城市首次接触后，希腊对罗马人的生活产生了更为深远的影响。希腊艺术品涌入意大利，对罗马精英来说，希腊语言和文学等知识拥有新的重要性。配备希腊教师，不管他们是奴隶还是自由人身份，成了罗马贵族家庭的一个普遍特征。希腊和罗马文化的全新结合被创造出来，并受到以弗拉米尼努斯和西庇阿·阿非利加努斯为首的希腊文化爱好者的鼓励和追捧。

并非所有的罗马人都对希腊影响张开臂膀持欢迎态度。有些人将"爱希腊主义"（philhellenism）视作对罗马共和国传统美德和孔武气质的威胁。这些抨击者中最重要的一位是马尔库斯·波尔奇乌斯·老加图，此人在晚年拥护了灭亡迦太基的决策。加图自身绝非漠视希腊文化（正是他从侧翼发起进攻，在温泉关给予安条克以痛击，再次上演了三个多世纪前的希波战争策略），但他及其支持者认为希腊人不如罗马人，同时担心希腊文化的影响会腐蚀罗马人的价值观。在公元前155年，从雅典派出的由一群哲学家组成的使团来到罗马。其中的卡涅阿德斯是一名怀疑论者，同时，他也是柏拉图学院的校长，这时因为公开讲座而引发了一桩丑闻。在头天的讲座中，他为正义做了辩护，但次日又反驳了此前的言论。加图将该使团送回老家，以免罗马青年被其学说误导。这只是一个小插曲，却证明了罗马内部的紧张关系。加图同弗拉米尼努斯以及西庇阿之间的对立促使罗马在公元前170年代后对希腊事务采取更为强硬的政策。

或许罗马能做到对希腊文化保持敬意，但反过来，罗马人也希望希腊人认可其手中掌握的权力。希腊诸国可以"自由"地对其内部事务进行管理，正如罗马的意大利盟友所做的那样。然而，和那些罗马的同盟者一样，罗马希望希腊人能保持安静，未经许可之事不要去做。但希腊人却心思颇多。希腊世界的历史充满了风云变幻的敌对竞争和地方性冲突，这一点即便在罗马人到来后，依然没有改观。元老院发现自身总是处在一种困扰之下，即不断受理希望罗马介入调停希腊内部争吵的大量请求。饱受折磨的罗马人逐渐开始罔顾事实或正义，一味支持那些首先向其发出请求或更加符合罗马利益的申诉对象。

罗马所奉行的利己主义政策造成的主要牺牲者是马其顿的珀尔修斯——腓力五世之子及其王位继承人。由于罗马元老院对马其顿盯得很紧，珀尔修斯始终处于罗马元老院偏见性决策的伤害下。而东方的那些反对罗马介入希腊事务的势力则将珀尔修斯视为领袖。这样，在罗马人眼中，珀尔修斯就成了一个严重威胁。由于罗马在希腊没有驻军，不收贡赋，也未设行省政府，罗马对希腊施加的影响主要依赖于后者对其权力的认可。随着反罗马情绪逐渐高涨，这种认可也就渐渐不在了。这一后果导致了公元前172年第三次马其顿战争的爆发，罗马是战争的发起方。我们的两个主要史料来源，波利比阿和李维都表明罗马为入侵希腊的行径进行了强有力的正义性辩解，但很显然珀尔修斯并不想和罗马开战。事实上，珀尔修斯还赢得过两场小规模战斗。在这之后他立即表示愿意投降，并希望支付战争赔款。但罗马人拒绝了，马其顿人从此风光不再。公元前168年，珀尔修斯在彼得那战役中被彻底击败。马其顿君主制度被废除，其领地被划分为四个共和国，均需向罗马缴纳贡赋。

即便到此时，在东方，罗马依然缺乏吞并土地或建立行省的欲望。罗马真正想要的是确保自身权力重获认可。在马其顿灭亡后，这一意愿得到了强有力的执行。500名埃托利亚统治精英被斩首，还有1 000名亚该亚人作为人质被送往意大利，其中就包括未来的历史学家波利比阿。在当年皮洛士统治的土地上生活的人境遇更加悲惨，有15万名民众被俘为奴。同时，帕加马和罗德岛的势力也遭到削弱。但最能够体现罗马霸权的生动例子却涉及一个具体的人物。当罗马将注意力移到他处时，叙利亚的安条克四世趁机入侵了托勒密埃及。在亚历山大附近，他受到了由盖乌斯·波皮利乌斯·拉埃纳斯率领的一个罗马使团的传唤。当安条克接到罗马元老院要求撤军的命令时，这位国王提出需要时间和他的顾问进行商讨决定。拉埃纳斯"用手里握着的权杖在地上绕国王画了一个圈，并说道：'在你走出此圈之前，告诉我你的决定，以便呈报元老院'"（李维原话）。安条克只能向罗马的意旨屈服。

到公元前167年，已经没有一个希腊国家可以对罗马的权力提出质疑或挑战。作为人质，波利比阿在罗马完成了《通史》一书，并督促他的希腊同胞服从罗马权威以避免遭受"那些曾经反抗罗马的人面临的命运"。这个严酷的评价太准确了。在相对和平地过了二十多年后，公元前149年，在一个名叫安德里斯库斯的王位觊觎者的领导下，马其顿共和国爆发了起义。叛乱遭到镇压，马其顿最终沦为罗马的一个行省。不久之后，亚该亚联盟和斯巴达发生冲突，罗马人认为是时候了。公元前146年，也就是迦太基被摧毁的同一年，在罗马将领卢修斯·穆米乌斯的命令下，科林斯城被夷为平地。三个多世纪后，到访的希腊游客帕萨尼亚斯追忆了科林斯的灭亡：

起初，尽管城门已开，穆米乌斯对是否入城仍举棋不定。他怀疑城墙内设有伏兵。但在战后第三天，他开始对科林斯发起猛攻，并放火屠城。在城内发现的大部分人都死于罗马人剑下，但妇女和儿童被穆米乌斯变卖为奴。所有早先已被释放的奴隶，及那些和亚该亚人并肩战斗且未倒在战场上的

图6 胜利者赫拉克勒斯神庙,牲畜广场(罗马),由卢修斯·穆米乌斯所奉献修建

人也都被出售。那些最珍贵的祭品及艺术品都被穆米乌斯运走。

此事成了50年前,在科林斯城授予希腊人"自由"的一个恰当的象征性终结。希腊直到奥古斯都时代才正式成为罗马的一个行省,而叙利亚和埃及则在名义上保持了独立。但现在,罗马共和国获得了古代希腊城邦和亚历山大大帝遗产的统治权。数十年的冲突所引发的愤怒和误解依然暗流涌动,而希腊人和罗马人之间的紧张关系从未彻底消除。从长远来看,双方文化所获得的益处要远超其付出的代价。罗马的统治最终为东地中海带来了和平、稳定和富庶。在数百年后，讲希腊语的拜占庭帝国自豪地宣称他们是罗马的继承人。而对希腊人而言，尽管并不总是出于自愿，他们将自己的文学和艺术输入罗马，为罗马人的生活带来了品位和全新的动力。借用奥古斯都时代的诗人贺拉斯的一句名言来说，就是"被俘的希腊俘获了她那野蛮的征服者"。

第六章

帝国的代价

公元前146年迦太基和科林斯城的毁灭再次印证了罗马共和国对地中海世界的统治，再无敌人能对元老院的权威和罗马军团的军事实力形成威胁。然而，仅过了一个世纪后没多久，罗马共和国就垮台了。共和国依赖的政治和社会平衡机制在混乱和内战中分崩离析。终极大权从元老院和罗马人民转移到皇帝一人之手。

从真正意义上说，罗马共和国是自身成功的一个牺牲品。共和政制不断进化，是为了满足一个小型意大利城邦发展的需要。作为一个政治制度，共和政制是一项卓越的成就。它稳定而不失灵活，并能在集体和个人统治之间保持谨慎的平衡。但这个制度却从未为管理一个帝国做好准备。对外扩张给罗马共和国的政治结构和元老精英阶层的集体权威带来源源不断的压力，这种压力同样让罗马的社会和经济结构不堪重负。早期的罗马人生活在一个小型农耕世界中，而由农民兵组成的军队只在战争季出征作战。在深度和广度上贯穿整个地中海的军事冲突以及和迦太基之间的漫长战争，让传统的罗马军队备受折磨。军事胜利带来的大量财富和奴隶迫使罗马农业经济发生转型。正是在公元前2

· 79 ·

世纪，以上压力造成的所有影响向罗马和意大利袭来，进而引发了一系列事件，在公元前1世纪罗马共和国的灭亡中达到高潮。

危机的种子

第二次布匿战争及罗马势力扩张到希腊东方世界使罗马元老阶层中出现了新一代人物。西庇阿·阿非利加努斯史无前例的政治生涯使元老之间地位平等这一极其重要的共和精神受到了挑战。一个手握权力又享受民众爱戴的罗马贵族和元老院的集体意志相背离，这在共和国历史上还是第一次。但西庇阿绝非孤例。罗马精英的竞争思维必然促使其他贵族寻求获得和西庇阿一样的地位或意欲将其超越。弗拉米尼努斯击败马其顿的腓力时，其年龄同西庇阿战胜汉尼拔时同样年轻。在"希腊自由"宣言之后，弗拉米尼努斯的凯旋式几乎同样磅礴壮观。另一方面，西庇阿通过帮助其弟战胜叙利亚的安条克又再次彰显了自己的威望。这种为追求财富和荣耀而不断升级的竞争在整个精英阶层中蔓延开来。公元前188年，一个名叫格涅乌斯·曼利乌斯·乌尔索的不起眼的贵族，借罗马和安条克发动战争之机，从叙利亚进入与其接壤的加拉提亚地区，无端发动了一场掠夺式袭击。乌尔索的行动此前并未得到元老院同意，却被授予了返回罗马举行凯旋式的殊荣。在后来的罗马对外关系中，此类自私行为频繁发生，这让控制那些野心勃勃的将领变得更加困难，尤其是当后者远离罗马城、身在其他地方的时候。

公元前2世纪早期，元老院的集体权威依然可以牵制贵族个人的行动。即便是西庇阿·阿非利加努斯，当他被勒令提供对安条克发动战争的财政记录时，也不得不选择离开罗马，自我放逐，尽管他抗议说"对罗马人民来说，聆听任何人对普布利乌斯·科尔涅利乌斯·西庇阿的控诉都是不合适的。能够战胜后者，那是因为原告拥有言论的力量"（李维语）。为了努力避免将来再次出现以西庇阿和弗拉米尼努斯的政治生涯为效仿对象的贵族，罗马在公元前180年出台了《任职年限法》（*Lex Villia Annalis*）。该法案规范了"荣誉阶梯"官制体系中的传统结构，为不同官职设置了法定任职年龄。在约公元前151年，又制定的一个后续法令规定所有人只能有一次担任执政官的机会。然而，因为贵族竞争太过激烈，以至于法律无法对其形成有效的控制。具备较强能力的个人不断涌现，对元老院的统治形成威胁。这是以西庇阿·埃米利阿努斯在第三次布匿战争中非法当选执政官为开端的。

罗马权力的扩张及财富的大量增加影响到的不仅仅是元老阶层。公元前2世纪，在罗马社会内部，"骑士"作为一个单独的集团出现了。最初，正如其名所示，"骑士"是被罗马军队征召，作为骑兵服役的较为富裕的公民。在共和国早期，这个集团也包括那些元老家族出身的人，因此，元老和骑士之间并没有清晰的界限。随着时间的推移，大量财富涌入罗马城，这造就了一个特有的社会阶层，其成员拥有大量财富，但缺乏古老贵族家庭的地位。最终，公元前129年，法律将元老从"骑士阶层"（*ordo equester*）中正式分离出来。骑士并非元老院一员，除非他们当选政府高级官员而进入元老阶层。骑士阶层的人大多从事工商业。按照传统，理论上元老被禁止涉足这两类领域，当然实际情况并非总是如此。建筑行业和行省征税也是骑士大显身手的地方。大型商贸城市迦太基和科林斯被摧毁进一步提升了骑士的影响力，在共和国晚期，他们在罗马社会和政治领域中发挥了十分突出的作用。

对罗马和意大利地区更广大的人群而言，扩张造成的经济影响甚至更加深远。和所有其他古代社会一样，罗马的贫富差距同样悬殊，大规模的征服战争带来的巨额财富只会扩大这一鸿沟。富人变得更加富有，大部分战利品流入贵族的腰包。穷人则只能承受苦果，因为通货膨胀抬高了物价，而奴隶市场使劳动力的获取变得比以前容易很多。一个罗马农民每年只能靠240塞斯特尔斯维持生计。骑士阶层中的一员拥有的资产估值高达40万塞斯特尔斯。传统上，一名元老的最低财产标准需要达到100万塞斯特尔斯。这类数字听上去似乎比军阀崛起的故事要枯燥，但相比之下，对外扩张的经济影响给罗马的团结和稳定带来的威胁却绝不可小觑。

在一个将农业作为财富的主要基石的世界里，富人将他们新获取的资源投入到地产中。奴隶则在宽广的田地里劳作。同时，他们还要种植葡萄和橄榄以加工成葡萄酒和橄榄油等商品。仅公元前167年，从伊庇鲁斯得到的奴隶数量就高达15万人。因奴隶数量众多造成的奴隶起义成为罗马的一个严重威胁，公元前1世纪早期的斯巴达克斯起义就是一个很好的例子。然而，同样重要的是，伴随着人口的逐渐增加，贵族地产和奴隶劳动力的数量攀升为罗马和意大利的小农阶层带来压力，而后者是组成罗马军队的支柱。失去土地的人开始流向城市和首都罗马，在那里他们的数量日渐膨胀，成为不安定的城市暴民。同时，那些失去土地者也无法达到入伍所必需的财产标准，因而无法在军中服役。

有限的证据让我们很难对公元前2世纪罗马所面临的社会危机的程度做出精确评判。当然，并非所有的罗马小农都消失了。当罗马真正需要大规模征兵的时候，譬如公元前146年，还是可以做到的。但兵源的确成了一个难题。西班牙旷日持久的战争极其不受欢迎。在公元前151年和前137年，由于在军队征兵上的反对意见，执政官甚至被平民保民官投入了监狱。在这个问题上，意大利同盟者也快快不乐。他们向罗马输出的人力资源和忠诚度是后者取胜的关键所在。他们要在万里之遥的地方经年累月地作战，尽管可以分得部分战利品，但在政治上却无法发出自己的声音。崭露头角的骑士阶层同样希望在公共事务中发挥更大的作用，动荡不安的城市暴民也趁此机会表达不满。所有以上紧张的局势，只需星星之火就能将其点燃。而提比略·森普罗尼乌斯·格拉古在公元前133年当选平民保民官引燃了这个导火索。

格拉古兄弟

提比略·格拉古（出生于约公元前163年）来自罗马最高贵的家族，与其重名的父亲曾两次当选执政官。他的母亲名叫科尔涅利娅，是西庇阿·阿非利加努斯的女儿。因此，年轻的提比略面临着家族寄予厚望取得功名的巨大压力。获取荣耀的传统途

图7 科尔涅利娅和格拉古兄弟（1861）

径是通过军事胜利及担任执政官。但提比略却有意通过保民官一职寻求社会改革。根据其弟盖乌斯的说法，提比略曾在前往西班牙途中路过意大利北部地区。当他旅行时：

> 他亲眼见到乡村遭到同胞遗弃是何等之严重，以及在田间耕作的人群是何等野蛮的奴隶。

提比略的解决之道虽然简单却具有启发性。在公元前133年当选保民官时，他提议将土地分配给那些失业的小农，从而一举舒缓社会矛盾、减少城市暴民并改善兵员危机。为达到这个目的，他希望重新分配公有土地，即早期征服意大利时获得的土地，由国家租给贵族耕种。法律上说，一名罗马人拥有的公有土地面积不得超过500尤格（约合312.5英亩），但是这一限制长期以来被人忽视。提比略准备将所有超出定额的公有土地充公，并将这些新获得的土地以30尤格（20英亩）为一个单元分给失业的小农。并且，新分配的土地不得转让，富人因而无法将它们再次收购。

在一个保守的农业社会里，任何试图更换土地所有权的提案都会引起强烈的恐慌情绪。大量公有土地世代被某些家族持有，并允许被继承、出售，甚至用作家族墓地。总之，提比略遭到了来自元老贵族集团的反对，因为他们是改革中损失最惨重的那批人。由于无法说服元老院支持自己的提案，提比略决定行使保民官立法权，转向作为公民大会之一的平民议事会寻求支持。这一行为并未违反法律，但从传统上来说，法律提案首先需要得到元老院的认可。此外，提比略的保民官同僚也是贵族出身。在平民议事会上，提比略再次遭到了阻碍。比如其中一个保民官马尔库斯·屋大维就行使了否决权。提比略回应说，作为保民官，其天职就是服务于人民："如果宣布人民的权力无效，那么他就不应该再是一名保民官了。"屋大维遭到免职，并被从平民议事会会场强行拖走。在由先例组成的体制中，这种做法是没有先例可循的。提比略的法律提案，《森普罗尼亚耕地法》(*Lex Semperonia agraria*) 成为法律。

但新法却无法得到推行。土地标记模糊不清，相关记录也很贫乏，提比略发现自己无时不在阻力之下。无奈之中，他转向了一个谁都没料到的目标寻求援助。公元前133年夏，帕加马国王阿塔卢斯三世去世。因其未留继承人，他把自己的王国赠送给罗马。提比略把阿塔卢斯的遗产夺过来充当土地分配的资金来源。与此同时，他还立法称罗马人民将在亚细亚建立一个新行省。提比略通过以上行为挑战了罗马的统治秩序，因为财政和外交事务一直以来都是掌握在元老院手中的。提比略渴望攫取个人权力，甚至意欲成为众矢之的的罗马国王的流言开始四处传播。此后，他试图通过再次当选保民官来为正在实施中的改革提供保障。这也成了压垮他的最后那根稻草，因为此举挑战了罗马年度更换官员的原则。他再次提名参加保民官竞选的做法引发了骚乱，300余人在暴动中惨遭杀害。提比略被一个元老身份的暴徒袭击而亡，他的尸体被扔进了台伯河里。

提比略的死亡也让他的耕地改革计划中道崩塌。直到公元前123年，也就是提比略的弟弟盖乌斯（生于公元前154年）紧随其兄的脚步成功当选保民官的那一年，法案再次得以恢复。没有人质疑盖乌斯的勇气，因其兄长所遭遇的命运摆在面前，他却依然选择踏上改革的征途。像提比略一样，他试图通过重新分配土地为小农提供帮助，但盖乌斯的提案覆盖范围更广，影响到了罗马社会的各个层面。为了帮助人口日益增加的罗马城市贫民，他为国售粮食限定了价格。古罗马几乎不存在任何组织化的福利和慈善制度。因此，通过提供食物和娱乐以保障人民幸福的重要性，被生活于稍晚时期的讽刺作家尤维纳利斯喻为"面包和竞技"。盖乌斯同样对新崛起的骑士阶层施以援手。他在罗马行省建立了包税制。这一制度规定骑士群体向国家缴纳既定数额的税款，并负责监督税收，保障获取一定的利润。与此同时，他允许来自骑士阶层的人主持刑事法庭，其控制权原来掌握在元老衔的陪审团成员手中。这防止了元老对法庭的滥用，但同时也将行省大门向骑士敞开，后者可以起诉那些调查其剥削行为的正派的元老衔总督。

覆盖面极广的改革计划为盖乌斯带来了巨大的声誉。不同于提比略，他在争取公元前122年连任保民官的选举中获得了成功。同时，这激发了来自元老院更甚于提比略的仇恨。盖乌斯向城市平民和骑士阶层发出的呼吁威胁到了元老院的权威，他的个人地位和声望又使其陷入控诉其个人野心膨胀的声浪中。这样，元老院的操作使盖乌斯的支持度一点点遭到削弱。其他贵族保民官也被拉拢过来，要么反对盖乌斯的政策，要么制定更加诱人的政策与其竞争。这迫使盖乌斯不得不寻求新的支持者。因此，他推出一项授予意大利同盟者全部罗马公民权的法律提案。该法律可以减轻意大利日益激化的矛盾，然而却遭到来自贵族和罗马平民的双双反对，后者担心这会给他们的食物和工作带来竞争。盖乌斯在这项政策上的失败进一步削弱了他的地位。他在公元前121年的竞选中以全副武装现身，激发了另一场大规模的骚乱。元老院有史以来第一次通过"元老院最终决议"（*senatus consultum ultimum*），其给予执政官采取任何必要之行动捍卫共和国的权力。3 000名盖乌斯的追随者被害，盖乌斯本人自杀身亡。官方悬赏凡获得盖乌斯头颅的人，将获得和该头颅同等重量的黄金。第一个拿到盖乌斯脑袋的人在前往领取奖品前，先将大脑除去，再向颅内灌入熔化了的铅液。

后人将格拉古兄弟视作罗马人民的佼佼者，而他们的塑像也如神庙中的诸神一样得到崇拜。但提比略和盖乌斯致力于解决的问题依然存在。他们颇具争议的政治生涯也逐渐动摇着元老院统治的稳定。因此，格拉古兄弟时代标志着罗马混乱一百年的开端，并最终将共和国引向灭亡。随着土地控制、军队征兵和同盟者权利等方面的矛盾持续酝酿、升级，一系列军事危机最终为下一世纪军阀的崛起打开了大门，进一步对元老院的集体权力构成挑战。

军阀崛起

这一阶段爆发的第一场危机是朱古达战争（公元前112—前

105）。朱古达是努米底亚人的国王，其王国和罗马阿非利加行省接壤。公元前112年，朱古达下令屠杀在这一地区生活的罗马和意大利商人，颜面受损的罗马政府不得不做出回应。在军事上，朱古达几乎无法对罗马造成任何威胁，但他在利用罗马人腐败方面的手腕是一流的，这充分体现在他那句著名评语上，即罗马"是个待售的城市，一旦有了买家，它的日子就屈指可数了"。被派去和朱古达作战的元老衔将领的无能和贪婪让这场战争变得旷日持久，直到公元前107年，盖乌斯·马略当选执政官，成为军队统帅。马略是一名"新人"，也就是本家族中首个获得执政官职位的人。他之所以能成功当选，在于其作为一名从军经验丰富的士兵获得的声望。同时，他娶了尤利娅为妻，此人是尤利乌斯·恺撒的姑妈。虽然尤利乌斯家族在政治上地位并不突出，却有着十分古老的渊源。马略接任后，朱古达的军队迅速败北，尽管战争

图8 刻画朱古达被俘的第纳里银币（铸于公元前56年）。正面：戴安娜女神头像；反面：苏拉坐在一把升高的椅子上，其前方，努米底亚的国王波库斯单膝跪地，献上橄榄枝，朱古达则跪在苏拉座椅后方，双手被绑在身后

一直持续到公元前105年。这一年，朱古达被马略的部将兼竞争对手卢修斯·科尔涅利乌斯·苏拉俘获，标志着战争的结束。

当阿非利加战事逐渐走向尾声之际，一场来自北方的严重得多的威胁正向罗马逼近。公元前2世纪末，数量庞大的日耳曼部落进入高卢和意大利北部地区。他们并不是以抢劫为生的士兵，而是规模完整的迁徙部落，据说人数达30万余众。这是迫于遥远东部地区的压力而进入罗马领土的众多日耳曼迁徙浪潮中的第一波。辛布里人和条顿人让罗马军队遭遇了一连串的失利，并在公元前105年的奥朗治战役中达到顶峰。此役让罗马8万将士命丧沙场，损失之惨重尤甚于一个世纪前的坎尼会战。在这紧急关头，马略从阿非利加返回罗马，举行了战胜朱古达的凯旋式。在民众的呼声下，马略被视为罗马的救星，从公元前104年到前100年连续当选执政官。马略连续五年担任执政官是对共和国年度换届的职官传统的一种嘲讽，但他通过击败日耳曼的两次战斗（公元前102年普罗旺斯-艾克斯战役和次年的韦尔切利战役）回报了罗马人民给予的信任。军事胜利带来的荣耀和对执政官的垄断使马略获得了空前的政治地位，并再次为罗马贵族间的竞争抬高了赌注。

马略是统治罗马共和国最后一个世纪的几大军阀中的头一人。然而，若从长远来看，比其本人政治生涯更重要的是马略对罗马军队做出的调整。在远征阿非利加及对抗日耳曼人期间，马略将所有自愿参军的人都征召入伍，这些人中不仅包括那些传统上达到财产资格的小额土地持有者，还包括了那些没有土地的人。结果，罗马有史以来第一次拥有了一支规整的职业军队。因为马略的士兵不需要耕种土地，所以需服从严格的军事训练和纪律，在军队中服役更长的时间。又由于士兵多出身贫苦，其军事装备也皆由国家供给。这些士兵有一个广为人知的称号——"马略的驴子"。因为他们在行军途中，身穿沉重的步兵甲胄，背负25公斤重的旅包，以及两杆长枪和一支西班牙短剑。两杆枪中的一杆配有一个由钉子稍微加固而成的金属尖头。这是马略本人发明的，目的是为了使掷出的标枪枪头发生弯曲，这样就不会再被人反扔回来。马略还调整了罗马军团的阵型。在扎马战役中，经西庇阿·阿非利加努斯改革后的120人军团分队完胜了迦太基战象和僵化的马其顿步兵方阵。但现在，较小规模的分队被600人建制的中队所取代，成为罗马军团的基本单元。这样，更密集的士兵战斗团体可以更好地抵抗大规模日耳曼武装力量的冲击。通过以上改革，闻名四方的罗马帝国军团最终出现了。

　　马略改革锻造出了一支能打硬仗的职业化步兵军队。这也标志着罗马公民兵的旧观念遭到抛弃。为了征募士兵，马略许诺无地的志愿兵在退役时都会获得一份土地。履行这份承诺是将领的责任，而新招募的士兵则需要发誓保持忠诚。因此，军队就变成个人的私有之物，向将领而非元老院或者罗马政府效忠。公元前2世纪初期，元老院极力限制如西庇阿·阿非利加努斯这类强大个体，以确保罗马处于集体领导之下。此时，格拉古兄弟未能解决的社会和经济压力促进了私人军队的诞生，服务于那些为地位和荣耀进行竞争的个人。探索出这条道路的人并非马略——他更像一介武夫而非政客，而是他的对手——卢修斯·科尔涅利乌斯·苏拉。与此同时，公元前2世纪无法解决的矛盾又为他提供了一个其渴望已久的契机。

在危机出现的前三十年里，罗马的意大利同盟者的地位一直是一个值得讨论的问题。马略麾下许多将士都是意大利人而非罗马公民。到公元前100年，意大利士兵在其军中占有的比例高达三分之二，但这些人在罗马却没有任何政治权利。意大利人希望分享罗马公民权的意愿日益强烈，直到公元前91年，他们的领袖，保民官马尔库斯·李维乌斯·德鲁苏斯被杀，随即引发了同盟者战争。面对拥有罗马人训练方式和武器装备的大量敌兵，罗马在最初颇感挣扎。好在绝大部分同盟者的战斗目的并非摧毁罗马，而是迫使其做出让步。公元前88年，罗马最终答应了同盟者的要求，冲突迅速平息下去。从后世的角度看，意大利在向罗马争取公民权的斗争中所取得的来之不易的胜利，是一个历史悠久的帝国得以形成的关键一步。在接下来的数个世纪里，最初只授予意大利人的各种权利逐渐扩展到罗马下属的所有民族身上，进而将整个地中海凝聚在罗马共同体的保护之下。

在同盟者战争期间，苏拉通过在意大利南部取得的一系列胜利，顶替了马略成为当时罗马最卓越的将领。战争结束时，苏拉当选了执政官。就在此时，作为罗马新的敌人，来自黑海沿岸的本都国国王米特拉达梯给罗马人敲响了警钟。苏拉获得军事统帅权，即将率兵出征，目的就是将侵入罗马亚细亚行省的米特拉达梯赶出去。但接下来发生的一幕却为罗马共和国的未来带来了一抹可怕的阴影。在苏拉赶赴东方前夕，一个名叫苏尔皮奇乌斯·鲁弗斯的激进保民官通过了一项法令，将苏拉持有的军事统帅权转移到了马略手中。正如40多年后恺撒在卢比孔河岸边所面临的那样，此时的苏拉面对政治宽赦和引燃内战的两难抉择。同样像恺撒一样，苏拉没有退缩。共和国有史以来第一次，一支罗马军队朝着罗马城的方向进发了。

苏拉向罗马进军是贵族野心和马略改革引发的必然结果。怀揣着获取荣耀和建功立业的想法，苏拉号召他的士兵为捍卫自身尊威而战。这些士兵效忠的是他而不是国家。同时，他们也必须仰仗苏拉才能得到被许诺的那份土地。元老院的集体权威在扩张的压力和格拉古兄弟的挑战之下遭到削弱，再也无力凌驾于握有私人部队的军阀之上。共和国的命运就此掌握在几个将领手中，他们的竞争精神以及为取得霸权所做的努力已不受约束。共和国开始解体。

第七章

文字与图像

　　罗马共和国的兴亡是一段非凡的佳话。但罗马从一个蕞尔城邦蜕变成帝国霸主，并不只是由一个个军事征伐和政治危机组成的故事。文学和艺术使古罗马人的生活重获生机，将我们的视线带到行进中的罗马军团和元老院辩论声以外的地方。从早期的剧作家普劳图斯和泰伦提乌斯，到卡图卢斯、西塞罗和恺撒这一代，生活于罗马共和国时期的作家们所发出的声音，一直在当今世界中回荡。罗马共和国艺术的价值一直未得到应有的重视，却在绝佳的半身雕像及被掩埋了的庞贝古城保留下来的极其精美的壁画中得以再现。这些成就本身值得关注，并为首位皇帝奥古斯都治下罗马文化的黄金时代打下基础。

　　和政治、军事史一样，在文化领域，罗马的萌芽阶段笼罩在历史的面纱之下。公元前3世纪以前，罗马人从事文字活动的踪迹杳无可寻。艺术上的成就当然存在，但历经时间洗礼而保留下来的东西微乎其微。可以确定的是，像罗马生活中的其他方面一样，罗马文化从一开始就从周边民族的传统中获取灵感。北方的伊特鲁里亚人和南部的希腊人从较早时期便对罗马文化产生影响。随着罗马越来越多地介入东部希腊语区，在文化上希腊对罗马造成的影响不可避免地进一步增强。然而，罗马文化依然保持着自身的特色。在罗马，正如在其他地方一样，我们可以发现罗马人天才地吸收和同化了其他民族的许多特质，将他们的模式转化成全新而独特的罗马文化。

拉丁文学的首轮绽放

拉丁文学的出现正是这种天才性的吸收和改造的见证。我们手头拥有的少量证据显示，到公元前3世纪，在罗马，人们通过书写保存记录，形成法律和宗教条例。只有贵族精英才拥有读写能力，而竞赛和地方性的戏剧表演提供了公共娱乐活动。文学是通过意大利南部的希腊城市进入罗马的，大规模地将古典希腊文学作品和文学流派改编成拉丁语版本也始于这一时期。有名可考的最早的拉丁诗人是一个来自塔兰托的希腊人，他叫李维乌斯·安德罗尼库斯（约公元前280—前200）。他最初被作为奴隶带到罗马，获得自由后成了一名教师和剧作家。尽管他的作品目前只有少量残篇保留下来，但不难看出其创作灵感来自何方。安德罗尼库斯用拉丁文翻译了荷马的《奥德赛》，这一拉丁译本在罗马学校中被沿用了数个世纪。他创作的悲剧同样深受特洛伊战争中的故事和英雄们的影响。

在下一代，这种对希腊灵感和范例的依赖由于罗马喜剧的兴起而获得了新的表达方式。早期拉丁作家中的两位喜剧作家，提图斯·马克奇乌斯·普劳图斯（约公元前254—前184）和普布利乌斯·泰伦提乌斯·阿菲尔（约公元前195—前159）为我们保存了这一时期最主要的文学资料。二人均非出生于罗马城。普劳图斯来自翁布里亚，而泰伦提乌斯则是北非奴隶出身，但两人均对罗马文化产生了深远的影响。大约有21部普劳图斯创作的剧本几乎完整地保存至今（这个数量大约比最初产量的一半略低）。泰伦提乌斯有六部作品为今人所知。他们的喜剧在罗马城邦赛会和元老家族的葬礼仪式上上演，是我们获悉罗马共和国的社会和价值观的资源宝库。但同样，这些剧本均改编自希腊原著。这里节选普劳图斯最为人熟知的一部剧本《吹牛军人》（*Miles Gloriosus*）开场白中的一段，我们来看一下他是如何进行改编的：

> 现在你们都已落座，待我将故事道来，
> 在这个欢乐喜庆的场合
> 还需向诸位解释眼前这部剧名。
> 希腊语名字叫*Alazo*——吹牛者；
> 译成拉丁语则为*Gloriosus*——招摇吹嘘者。
> 这座城市是以弗所。你们刚刚看到的那个
> 赶往广场的军人，是我的老爷和主人；
> 他还是个肮脏的骗子，一个自负、傲慢、
> 卑劣的伪证犯和通奸者。

该喜剧根据一部亡佚的希腊原作改编而成。故事发生在小亚细亚地区的希腊城市以弗所。从剧中主角的名字佩里普勒克

托墨诺斯（大意为堡垒的有力征服者）来看，这名傲慢自大的雇佣兵可能是希腊人而非罗马人。而剧中的明星是帕雷斯特里奥，也就是宣布开场白和最终搞垮那名军人的人。这个聪明的奴隶是普劳图斯戏剧角色中的常客。他在普劳图斯的作品中所扮演的角色要比在希腊原著中更为亮眼，明显引起了罗马观众的好感。普劳图斯对道德的强调也契合了罗马的社会背景，同粗俗和嬉闹一道成了剧本的一大特色。结果就形成了一种罗马-希腊戏剧形式的混合体，造成的影响超出了它的罗马共和国之根源，从莎士比亚的《错误的喜剧》到《春光满古城》①均可捕捉到其踪影。

和戏剧一样，罗马历史编纂的源头同样可以追溯到希腊人那里，后者是"历史"（*historia*，本意为"探寻"）一词的最早发明者。参与了第二次布匿战争的罗马元老昆图斯·法比乌斯·皮克托是第一个罗马本土历史学家，其创作罗马史的年代大约在公元前200年。值得注意的是，他并非用拉丁语而是用希腊语进行历史著述。到这一时期为止，已经有几部希腊语的罗马史书问世。最初，也正是这些希腊历史学家将罗马人的起源上溯至特洛伊战争、埃涅阿斯的旅行以及其他的荷马英雄时代。就像法比乌斯·皮克托一样，罗马人吸纳并发展了这些故事。皮克托的著作现已失传，但他将罗马同埃涅阿斯之间的联系掺杂进意大利本土寓言和传说中，创造出罗慕路斯和雷穆斯的起源

---

① 这是由美国作曲家和词作家斯蒂芬·桑德海姆（1930— ）创作的一部音乐剧。该剧于1962年首演，并获得极大成功。——译注

神话。正是在希腊和罗马传统的交融环境下，罗马人对自身起源及历史认同的感知开始形成。法比乌斯·皮克托用希腊人的方式讲述罗马故事，带有希腊人观察古代的眼光。但其作品中所体现的价值观却是罗马式的，同时断言了在更为辽阔的地中海世界罗马所占据的独特地位。

在法比乌斯·皮克托之前，罗马共和国仅有的历史资料是那些豪门权贵家族自我标榜式的家庭记录，以及神职祭司团体所保管的官员名册和大事记。用拉丁文创作的历史著作最终产生于公元前2世纪早期。昆图斯·恩尼乌斯（约公元前239—前169）并不是一名用散文体书写历史的史学家，而是一个诗人。他的《编年纪》（*Annales*）是一部史诗，讲述了从特洛伊毁灭到他所生活的时代的罗马史。在这部史诗的开头附近，恩尼乌斯宣称他曾梦见荷马浮现于眼前，而自封为荷马化身。和法比乌斯·皮克托一样，他也将荷马史诗中的传说和罗马传统结合起来。《编年纪》始终被认为是罗马民族最伟大的史诗作品，直到被维吉尔的《埃涅阿斯纪》（*Aeneid*）所取代。然而，令人遗憾的是，恩尼乌斯这部作品中的大部分文字已亡佚不见。为人所知的文字因为其他作家的引用摘抄而保留了下来。其中，最知名且恰如其分的一句话或许出自一个生活于第二次布匿战争期间的人之口：胜者非胜，除非败者认之。

拉丁文学初期阶段的最后一个名人是我们熟悉的马尔库斯·波尔奇乌斯·老加图（公元前234—前149）。立场保守的加图因对希腊文化的敌视而知名，因此他创作了第一部拉丁散文体的罗马史，可谓适得其所。这部现在支离破碎的著作写于公元前170年之后，名为《史源》（Origines）。出于捍卫共和国理想的决心，加图强调为国服务要大过个人利益；他还声称对一个军事将领的认可要看他的地位而非其出身的家族。但这并没有阻止加图对自己建立的功业成就进行荣耀粉饰。同时，尽管加图厌恶希腊化，他也将罗马人的血统追溯至埃涅阿斯和特洛伊战争。

加图并不是唯一一位坚守罗马传统和美德的罗马人。公元前2世纪，罗马人一方面期待掌握希腊人的语言和文学，另一方面又要保持自身的价值观。这种信念在一种文学体裁上找到了表达方式。他们宣称这种文体并未受到希腊人的启迪而纯粹是罗马人的创造，那就是讽刺文学（satire）。将严厉的社会、政治批评同文学嘲讽及道德评判结合起来，讽刺文学为罗马共和国时代快速演变的世界提供了时事评论。第一位真正的罗马讽刺作家是盖乌斯·路奇利乌斯（死于公元前102年）。他是西庇阿·埃米利阿努斯的朋友，后者在身边聚拢了一个文学圈子。目前仅存路奇利乌斯的讽刺诗残篇，但他所开创的这种文学体裁却流传下来。路奇利乌斯为奥古斯都时代的诗人贺拉斯和再晚些时期的尤维纳利斯的文学创作提供了范例，后者可能是最优秀的罗马讽刺诗人。谚语"面包和竞技"及"谁来监督监督者自己？"即出自他的作品。

卡图卢斯和西塞罗

在共和国时期，罗马文化史在发展至公元前1世纪时达到顶峰。即便在共和体制于内战中崩塌之际，也有一批天才作家将拉丁文学提升到了新的高度。抒情诗人盖乌斯·瓦列里乌斯·卡图卢斯（约公元前84—前54）将精妙的希腊典故融入日常拉丁语的表述中，其孕育出的力量放在任何时代都不逊色。卡图卢斯善于通过借鉴亚历山大精致的希腊化诗歌和莱斯博斯岛的女诗人萨福的作品进行创作。他可以用最露骨的词汇描述性欲，但他对爱情心理状态的洞察是极为深刻的，源于痛苦的感受。这里全文摘引一部由他所创作的最短，同时也是最引人入胜的诗歌欣赏一下：

> 我既恨，又爱。你或问我缘何如此，
>
> 我不知道——但我有感于此，我备受折磨。
>
> （诗篇85）

卡图卢斯的痛苦和灵感主要来自一个被他称为"雷斯比娅"的女人。这是一个从萨福的诗歌中虚构而来的人物，但其真实形象可能是昆图斯·梅特卢斯·凯尔勒的妻子克洛狄亚·梅特里。克洛狄亚因西塞罗的一篇充满咒骂的演说词而知名。除了其他令人生疑的行为外，她被控告下药谋害亲夫，以及同弟弟普布利乌斯·克洛狄乌斯（此人乃西塞罗的仇敌）通奸。对卡图卢斯来说，"雷斯比娅"这个形象象征着堕落、爱和痛。卡图卢斯嫉妒她的一只宠物麻雀，并为其死亡而哀悼（诗篇2—3），数着她多如沙粒或星辰的吻以满足他的欲望（诗篇7）。但最终他

谴责了她的背叛("和你那三百个情人在一起吧,立即向他们敞开双腿":诗篇11),并祈求自己获得解脱:

现在我不再期冀她以爱回报,

也并不指望其拾起贞操:

我只望自己一切安好,抛却这愚蠢的病痛

哦!神啊!还愿于我吧,以回报我的虔诚。

(诗篇76)

卡图卢斯诗歌的主题直击人类境况的核心,因此富有吸引力。其作品只是捎带提及共和国最后岁月的动乱,照亮了被政治叙事所掩盖的生动的罗马社会。引领我们了解这一世界的另一位重要向导,则远比卡图卢斯对政治感兴趣得多。然而其卷帙浩繁的作品对复原鲜活的罗马社会甚至具有更高的价值,他就是马尔库斯·图利乌斯·西塞罗。

在古罗马漫长的历史岁月中,没有一个罗马人能像西塞罗一样让我们如此熟知其生平和性格。与此同时,西塞罗留下了关于罗马共和国最后阶段那仅有的、最具价值的史料。他还是这段岁月里发生的一系列跌宕起伏的大事件中,站在政治舞台最前沿的亲历者。总而言之,和包括庞培·马格努斯或尤利乌斯·恺撒在内的所有同代人相比,西塞罗在更大程度上通过他的著作像凡人一样走近我们。他性格上有缺点,也会反复无常,但同时又富有理想主义、极具原则,并且时而非常勇敢。他最终在捍卫即将失败的罗马共和国的努力中献出了生命。

西塞罗（拉丁文原意为"鹰嘴豆"）出生于盖乌斯·马略的家乡，即坐落于罗马城西南方的城镇阿尔皮努姆。像马略一样，西塞罗也是一名"新人"。但不同于马略，同时有别于绝大多数罗马"新人"，西塞罗从未成为一名优秀的士兵。引领西塞罗走向卓越的是他作为演说家而拥有的天赋。在当代大众传媒兴起之前，公共演说是一项十分重要的技能，而西塞罗则是罗马有史以来最优秀的演说家。在去世前不久，他发表了一篇力度十足的演说，以至于使当时作为罗马第二大演说家的尤利乌斯·恺撒大受震撼，握在手里的纸卷落在了地上。西塞罗发表的演说词共有50余篇保留下来，让我们可以一睹其才华，它还为我们提供了可以一瞥晦涩深奥的罗马共和国法律、社会和政治的宝贵机会。

在公元前70年，西塞罗通过对盖乌斯·维雷斯的控诉而一举进入罗马政坛。维雷斯是个贪腐的元老衔总督，任职于西西里期间，他利用公职掠夺行省财富。维雷斯的团队由昆图斯·霍腾西乌斯·霍塔卢斯担纲首席辩护人，后者是当时罗马首屈一指的法庭演说家。但西塞罗的开场演说及呈堂的大量证据极其犀利，让霍腾西乌斯毫无还手之力。最终维雷斯只得自愿接受流放。

通过维雷斯审判，西塞罗第一次申明了他所高举的、贯穿其仕途的政治宣言。从本质上说，西塞罗是一个保守主义者。他信任元老院的集体领导以及共和国的传统架构。然而，西塞罗又是一个理想主义者。他对传统共和体制十分钦佩，以至于忽视了其内部的缺陷。维雷斯的滥权反映出在政府挣扎着应对统治地中海的需求时，腐败却在罗马精英中滋生。西塞罗在《论共和国》（*De Re Publica*，成书于公元前51年）一书中描述了他对罗马持有的美好想象。这部仅有残篇保留下来的论著是模仿柏拉图的《理想国》写成的。元老院统治具有明晰的道德权威，指引着安静、被动的人民前进，同时疏导着个体化贵族的野心。西塞罗天真地认为这样一种体制可以保障和平。同时，他也未就公元前2世纪的社会经济弊病和城市暴民，以及像马略和苏拉这样的军阀持有私家军队等问题给出解决方案。他笔下的国家只存在于理想而非现实之中。

但是，我们并不能因为西塞罗只是一个哲学空想家而忽视他的存在。西塞罗是希腊哲学思想拉丁化的领军人物。就像普劳图斯和卡图卢斯在各自领域中所做的一样，西塞罗借希腊之体，服务于罗马之用。尤其是和柏拉图相比，西塞罗在将梦想变为现实的道路上花费了多得多的功夫。和同时代的大多数人一样，西塞罗将伦理哲学和政治哲学视作全然不分的一个整体。他认为政治衰落是道德衰退的一个必然结果。反过来，政治改革必然会呼唤道德方面的改革。因此，西塞罗为一个人如何立足于乱世提供了切实的建议。《论职责》（*On Duties*，公元前41—前43年）是西塞罗在其生命最后阶段所创作的几部作品之一。在这部论著中，西塞罗求助于罗马历史上的德行来为时下的行为提供正确的指导。他认为人之至善是服务于国家，而为国家服务的最好体现就是反抗暴君。这部书写于恺撒被刺杀后不久，西塞罗始终认为，杀掉那些试图僭取独裁权力的人不仅非常必要，而且在道德上也是无可诟病的。应该看到，在西塞罗的这种执着背后，存在着一股非常真实的当代力量。

西塞罗的演说词和论著透露了他对共和国的看法以及对合乎理想的罗马德行生活的一种信念。但这些作品无法让我们了解西塞罗其人。在这一点上，我们必须阅读西塞罗给后世留下的最为丰富的宝藏——他的信札。超过800余封信函留存于世，贯穿其至少25年的人生岁月。许多信是西塞罗写给他那位知己兼最亲密的朋友，提图斯·庞波尼乌斯·"阿提库斯"（意为"雅典人"，以此命名是因为他深爱着雅典且长期客居于此）的。在西塞罗死后，正是在阿提库斯的协助下，西塞罗的书信才得以出版，尽管阿提库斯首先把自己的回信从中删去。通过这些书信，我们可以看到西塞罗对时事的回应，包括他和庞培及恺撒之间那摇摆不定的关系，以及他对于恺撒独裁官的终结及恺撒之死表现出的残酷的欢乐（"若收到你的邀请，在3月15日去赶赴那最华丽的宴会，我会是多么高兴啊"）。这些内容似未受益于后见之明或后期编辑。

在信中，这位演说家和哲学家的弱点被暴露无遗。他软弱、优柔寡断、爱慕虚荣、记仇，还常常在评判自身和他人上犯错误。但同时，他又很聪明、富有同情心、理想化，有时也颇有英雄气概。他试图按照理想化的方式去生活，尽管他也时常清楚自己无法做到。最终，他为捍卫这些理想献出了生命。西塞罗是在恺撒被刺后的1年零6个月，在由马尔库斯·安东尼乌斯和盖乌斯·尤利乌斯·恺撒·屋大维亚努斯（即未来皇帝奥古斯都）领衔的后三巨头下令后，被杀身亡的。但也正是奥古斯都给了西塞罗一个合乎其身的墓志铭。在见到自己的孙子正在阅读西塞罗的一部作品时，奥古斯都把这本书拿起来看了看，然后还回去，说："一个学识渊博的人，我的孩子，这是一名博学之士，一个爱国之人。"

砖与大理石

穿越到和我们之间相隔 2 000 余年的罗马共和国时期，普劳图斯、卡图卢斯和西塞罗的著作为我们提供了一扇观察罗马世界的最佳窗口。像艺术和建筑这类物质文化资料碎片化现象严重，很难向专家以外的大众进行解释。但这是罗马文化成就中必不可少的一部分内容，它对我们理解罗马社会的男男女女日常生活的外界环境起到了至关重要的作用。许多资料在时空隧道中遗失了，或隐藏在罗马帝国时代所修建的纪念物之下。但罗马共和国遗留下来的许多作品既实用又美观。就像罗马文化所展示的每一个面向一样，罗马共和国的艺术和建筑吸收了许多外来的影响，同时又保持了独特的罗马风格。

很少有来自罗马早期社会的物质遗迹能够保留至今。卡匹托尔母狼铜像（图1）可能出自一名伊特鲁里亚工匠之手，尽管母狼身下的婴孩是在教皇西克斯图斯四世时期（1471—1484）加上去的，但可以看出伊特鲁里亚对罗马的物质文化产生了深远的影响。罗马房屋和神庙的设计风格也是建立在伊特鲁里亚模板基础上的。另外，伊特鲁里亚人同样以取材于当地陶瓦烧制的装饰性陶瓶、塑像和石棺而知名（意大利早期还未发现可资利用的大理石矿)。伊特鲁里亚人又进一步从希腊人那里汲取灵感。希腊文化对罗马共和国日益增加的影响力不仅体现在文学上,同样在艺术领域也并不少见。利用这些外来影响来满足罗马人不断变化的需求,这在共和国时代催生出一些极为精美的艺术作品。

罗马人自己将其在建筑领域取得的成就看成是对古代文明所做的最大贡献之一。从某种程度上说,这一贡献是高度功能性的。希腊人哈利卡尔那索斯的狄奥尼西奥斯颇为感怀地写道,罗马最为壮观的三项建筑成就是"引水渠、铺砌平整的大道以及下水道"。这些建筑并非罗马原创,却是罗马人将原来的设计和效率提升到了一个新的高度。现存的建筑元素被用在一些新的维度上面,特别是凯旋门和拱顶。罗马人还大量使用混凝土。在意大利,这种建筑材料要比优良的凿石更易获取,并且对工人的技术要求不高。

罗马共和国时代的建筑作品只有很少一部分能在今天得以再现。普通大众居住的房子几乎没有任何遗迹保留下来,留存至今的古罗马纪念物基本都是那些为奥古斯都和他之后的皇帝们歌功颂德的作品。然而,在展开的共和国历史长卷中,我们依然可以一瞥其布景。罗马城市中心是坐落在卡匹托尔山脚下的广场,这里是元老院集会和高级官员履行公职的地方。在广场四周以及神圣大道(*Via Sacra*)两侧,耸立的纪念碑所纪念的是罗马人取得的辉煌成就以及前辈英雄们。过去的辉煌渗透进共和国的社会和政治生活,为那些效仿并赶超祖先的今人增加了压力。

图9　罗马广场

　　共和国时期最能反映罗马人虔诚和罗马贵族竞争的公共建筑形式是神庙。罗马神庙遵循的是伊特鲁里亚-意大利模式，和古希腊神庙风格十分不同。罗马最著名的神庙是卡匹托尔山上的朱庇特神庙，今天我们只能根据其平面轮廓图进行复原。该神庙位于一个较高的墩座之上，只有通过攀登位于前方的一段台阶才能进入，而不像大多数希腊神庙那样坐落在一个较矮的基座上，可从任何一个方向靠近。正是在此处，凯旋式达到高潮，返城的将军因为获得了胜利而向朱庇特神献祭。

　　随着扩张和相伴而来的财富，罗马神庙的数量激增。对贵族来说，修建神庙是公开纪念其所获成功同时又对诸神的帮助表达感激的一个理想方式。根据传说，罗马广场上的卡斯托尔和波吕克斯神庙是为了纪念在公元前5世纪初雷吉鲁斯湖畔战役中帮助罗马获胜的那对神圣双胞胎而修建的。到提比略皇帝统治时期，已重修过的神庙只剩下几根柱子。贵族们依靠战争带来的财富不断修建新的神庙。在公元前2世纪中叶，圆形神庙被修建起来，至今依然屹立在牲畜广场上（图6）。这座神庙的确切身份及所供奉的神祇存在争议，但最有可能是胜利者赫拉克勒斯神庙，而奉献神庙的人则可能是于公元前146年摧毁科林斯城的卢修斯·穆米乌斯。如果这个说法是真的，那么令人稍感讽刺的是，该神庙是罗马现存最古老的大理石建筑，同时又是第一个采用科林斯柱式风格的罗马神庙。

神庙并不是罗马贵族为庆祝其功绩而修建的唯一纪念物。凯旋门是罗马人的独创，尽管所有罗马现存的荣誉凯旋门都来自帝国时代。在直通卡匹托尔山的大道上，西庇阿·阿非利加努斯修建了一座共和国有史以来最宏伟的凯旋门。随着贵族之间的竞争变得白热化，公元前1世纪更多非同寻常的纪念建筑被建造出来。由庞培·马格努斯负责，于公元前55年动工的庞培剧院是罗马的第一个永久性剧院，而此前的剧院均为木结构搭建的临时性建筑。该剧院仅为更庞大建筑群的一部分，其包括了庆祝庞培事迹的大量图像，和一座献给庞培守护神的胜利维纳斯女神庙。正是在这座剧院内，尤利乌斯·恺撒于公元前44年被刺，倒在了对手的雕塑旁。

恺撒本人的纪念建筑甚至更为宏伟。就在向外蔓延的罗马广场一旁，他动工修建了尤利乌斯·恺撒广场，其中一尾端连接尤利乌斯家族女性祖先，即维纳斯女神的维纳斯大母神庙。额外修建一个广场的实际需要是和罗马日益增加的人口以及管理一个帝国的需求相呼应的，但恺撒广场的规模和野心预示着帝国时代的到来。恺撒被刺时该广场尚未完工，在其继子奥古斯都治下，广场才最终修建完成。此后奥古斯都又继续修建了自己的广场。他曾这样宣称道："我接手的是座砖造的罗马，留下的却是一座大理石的城市。"此说并非夸张。

绘画和雕塑

外来影响和贵族竞争之间的相互作用为罗马绘画带来的发展并不比罗马建筑逊色。绘画是一种较为脆弱的介质，但是共和国时代的罗马保留下来的作品数量竟然还不少。少数已残损的画作来自罗马城，包括被称为埃斯奎林历史残片的一幅绘画（图2），它是现存最早的罗马壁画作品。该画大约可上溯到公元前3世纪时期，它描绘的是来自法比乌斯家族的一名罗马将军庆祝战胜萨莫奈人的场面。在此人的墓穴中，凯旋场景也被刻画出来。但我们所拥有的罗马共和国绘画中那些最杰出的珍品要归功于公元79年维苏威火山的爆发掩埋了庞贝和赫库兰尼姆这个悲剧。由于悲剧发生在罗马共和国灭亡一个多世纪之后，这很容易让我们忘记因火山灰和浮石粉覆盖庞贝城而幸存下来的大量艺术品都是罗马共和国时期的作品。正是基于大多数来自庞贝的材料，公元前2世纪和前1世纪罗马绘画的演变才得以重现。

第一风格或"砖石"风格的罗马绘画是罗马日益增加的财富以及那些不太富裕的人群模仿富人的人类普遍欲望的产物。在公元前2世纪，由大量大理石所装饰的豪华别墅在意大利出现。那些买不起昂贵大理石的家庭用着色的灰泥作为替代品，矩形墙面被装饰起来以模仿涂色的石块。让现代人印象更深的应该是第二风格或被称作"建筑"风格的壁画。它风行于公元前1世纪。随着画面延伸至远方，这一风格采用柱廊图案及其他建筑特征给观众造成一种纵深感。同时，它还以人物形象和神话场景为特色。位于庞贝附近的博斯科雷亚莱别墅修建于罗马共和国最后的几年，现今保存完好。它为我们提供的大量精美的建筑绘画来自主人的卧室，而其名字普布利乌斯·凡尼乌斯·塞尼斯托并不为人熟知（图10）。可能我们最为熟悉的一组画面来自以此命名的庞贝秘仪别墅。墙面以深红色为背景，我们看到其上描绘的是狄俄尼索斯崇拜仪式的场面：一名女人正遭鞭打，而另外一个则手持铜钹，赤身裸体地跳着舞（图5）。类似画面为我们提供了观察罗马人生活的一扇窗口，这同文献资料中的政治和军事叙事有很大的不同。

雕塑在罗马有悠久的历史，但就像图像一样，我们所掌握的大量材料均来自公元前2—前1世纪。此外还有少量来自较早时期，带有伊特鲁里亚风格的陶俑雕塑保留下来。但青铜和大理石雕像在罗马最早也要等到公元前211年叙拉古陷落和前146年科林斯灭亡之后才出现。此后，拥有这类作品就成为地位的标志，而那些无法拥有原作的人则会订购复制品装点豪华别墅，进而诞

图10　第二风格绘画,来自博斯科雷亚莱别墅卧室

生了一个新的产业。这些罗马复制品对学者尝试复原那些失落的古希腊杰作,譬如米隆的"掷铁饼者"和波留克列特斯的"持矛者"具有极高的价值。同时,它们再次证明罗马人对希腊文化深入骨髓的敬仰之情。

　　尽管如此,即便在雕塑领域,罗马人也远不只是希腊人的被动模仿者。雕塑,尤其是活人肖像,对罗马社会具有较为特殊的重要性。贵族祖先们的蜡制面具摆放在房屋的中庭并用于葬礼游行，它能够进一步激励人们效仿先人创立的功业。作为罗马传统美德的代表，罗马大理石肖像可以反映出图像表达的重点。同那种匀称以及永葆青春的古典希腊完美雕塑相比，罗马肖像善于勾画年长的成熟男性形象，那久经沙场而带有皱纹的面容象征着罗马人的勇敢（*virtus*）和威严（*auctoritas*）。这种典型化罗马风格的肖像通常被誉为带有"写实主义"风格的作品，尽管其体现的理想化典范一如它展现的具体人物的真实容貌那样清晰可见。两个可以被确定的最早时期的罗马共和国人物肖像是庞培和恺撒的胸像（图11）。庞培·马格努斯宽阔的脸庞及前额发型让人回忆起亚历山大大帝，和尤利乌斯·恺撒那瘦削、带着贵族气质的面容形成鲜明的对比。

在出自维吉尔《埃涅阿斯纪》的一个被大量征引的段落中，埃涅阿斯的父亲安喀塞斯预言了罗马的命运：

> 这里还有其他一些人，我相信有的将铸造出充满生机的铜像，造得比我们高明，有的将用大理石雕出宛如真人的头像，有的在法庭上将比我们更加雄辩，有的将擅长用尺绘制出天体的运行图，并预言星宿的升降。但是，罗马人，你记住，你应当用你的权威统治万国，这将是你的专长，你应当确立和平的秩序，对臣服的人要宽大，对傲慢的人，通过战争征服他们。[①]

---

① 《埃涅阿斯纪》第836行。此处翻译直接采自杨周翰译本。——译注

安喀塞斯并未对罗马人取得的文化成就予以公允的评价。共和国时期的罗马或许永远无法和希腊天才相媲美,罗马人自己对这点供认不讳,并对后者极力赞美。然而,罗马共和国拥有着属于自己的天赋,这并不仅仅指的是征服和统治,还包括文学和艺术领域。从诸多方面汲取影响,普劳图斯和西塞罗的著作以及庞贝城的壁画反映了罗马的价值观,并展现出一个鲜活的罗马人生活的世界。没有这些罗马共和国的遗产,就不会出现奥古斯都文化的黄金时代,而后者又为罗马帝国那永恒的璀璨铺平了道路。

最后的岁月

历史上少有时代能比罗马共和国那充满创伤的最后一段时光对后世拥有更强大的吸引力。古代世界的最强权在血腥的纵欲中颓然崩塌。公元前2世纪的危机削弱了元老院的集体权威，同时见证了操控罗马共和国晚期政坛的首批军阀的出现。在盖乌斯·马略和卢修斯·科尔涅利乌斯·苏拉之后是马尔库斯·里奇尼乌斯·克拉苏、格涅乌斯·庞培·马格努斯以及盖乌斯·尤利乌斯·恺撒，这三人组成了所谓的"前三头"政权。克拉苏死后，庞培和恺撒的同盟在内战中瓦解，后者成为胜利的一方。恺撒在公元前44年3月15日被刺身亡并未能拯救危亡中的共和国。马尔库斯·尤尼乌斯·布鲁图斯及被称作"解放者"的同胞们所采取的孤注一掷的行动只会使罗马陷入另一场长达十年的内斗之中。最终，恺撒的继子盖乌斯·尤利乌斯·恺撒·屋大维亚努斯在公元前31年的阿克提乌姆战役中击败了马尔库斯·安东尼和克莱奥帕特拉。四年后，他取名奥古斯都，此为罗马帝国顶替罗马共和国的标志。

站在后人的角度，我们很容易将罗马共和国的衰亡解读为几近命中注定，认为它是从一个无以支撑的高度不可避免的一次坠落。并没有对其间发生的一系列事件起决定性作用的外在威胁存在。冲突源自内部，比如共和国社会和罗马政府不断挣扎做出调整以适应统治庞大帝国的需求，还有驱使罗马向外扩张的那些压力，即罗马贵族为获取荣耀和尊威而产生的竞争。私人军队和不断增加的财富也使危机进一步加深，直到尊威、财富和军事权力落入一人之手，实现独裁统治。但没有多少历史作品将罗马共和国的衰亡视作必然，即便在最后关头，依然有人为共和国及其理想做好了赴死的准备。罗马共和国的灭亡并不是一个命定的故事，而是一个关乎野心和自我牺牲、天才和愚蠢的纯粹人为之事。在共和国最后岁月那长存于世的魅力中，蕴含的正是这些普遍的人类特质。

落日和旭日

第一个给共和国致命一击的人是苏拉。当他在公元前88年向罗马进军，以阻止其统帅权移交到仇敌盖乌斯·马略手中之时，苏拉就已对共和国最本质的那部分构成威胁。由于坐拥私家部队，军阀苏拉拥有无论是元老院集体权威还是公民大会都无法阻挡的权力。然而，在攻下罗马后，苏拉并未立即开始他的独裁统治。他最关切的问题是首先击败本都国的米特拉达梯，后者入侵罗马亚细亚的行为引发了这一危机。此后的五年中，苏拉靠着罗马的政治力量继续其在东方的征服。然而，当他离开罗马时，苏拉的政敌发起了反扑。尽管马略在公元前86年，即其政治生涯中第七次当选执政官后不久便逝世，当苏拉于公元前83年返回意大利时,他发现敌人已经和罗马以前的世仇萨莫奈人联合起来,后者是同盟者战争结束后依然同罗马作对的唯一一支意大利民族。苏拉的回应是再次向罗马进军,途中吸纳了带着私家军队的克拉苏和庞培的力量。有了后者的协助,在罗马科林门前的一场血战之后,苏拉击败了敌人。

现在,罗马共和国落入苏拉之手。为了规范自己的地位,他复兴了旧时独裁官一职,该官职自第二次布匿战争以后便再未设立。然而,和传统的罗马独裁官不同,他不受该职任期最长不得超过六个月的制度限制,而是无限期担任该职。在许多同代人眼中,苏拉事实上已与国王无异。在武力的支持下,苏拉转向政敌开刀。有史以来第一次,罗马开列了清洗名单——其上列有一长串不许司法上诉而直接予以清除的人名。至少有80名元老和2 600名骑士被杀或遭流放,真实数字可能还会更高。苏拉把死者的财产充公而获得了大量土地,再发给他许诺过的那些为其效忠的士兵(比如庞贝城便成为苏拉所建的一个军事殖民地)。同样,苏拉的支持者也通过廉价购买被清洗之人的地产而大肆搜刮。克拉苏和庞培成了罗马最富有的两人。

独裁官职的恢复以及令人胆战的清洗名单让苏拉成了罗马史上最遭人仇视的人之一。但看上去似乎比较矛盾的是,在本质上,苏拉是一名真正的共和派。一旦他的地位得到巩固,苏拉便着手恢复元老院在格拉古时代之前所拥有的权威。因此,防止像马略以及他本人这样拥有异乎寻常的政治履历进而威胁到元老院集体和谐的军阀出现就变得格外重要。为此,苏拉强行规定了每个高级官职的就任者所必须拥有的最低年龄标准，以及从财务官升至执政官之间遵循的有序序列。他将财务官的数量增加到20名，法务官数量增加为8名以减轻政府负担，同时还将陪审团重新置于元老院控制之下。另外，他削弱了让其在公元前88年失掉统帅权的保民官权力。保民官拥有的否决权被限制在保护公民个人权责之内而无法再过问国事。任何由保民官提请的法律必须得到元老院认可。更有甚者，凡已担任保民官一职的人将不得再出任其他官职，这让那些拥有政治野心的人对该职位纷纷避让。至少从理论上说，这避免了像提比略或盖乌斯·格拉古这样的人再次出现。

公元前79年，改革甫一结束，苏拉便主动辞去一切公职，归隐田园。他的这一举动再次令罗马世界瞠目结舌。无论对当代学者而言，还是对当时的人来说，苏拉就像个谜。他野心勃勃又残酷无情，将罗马贵族为追求荣耀而进行的竞争提升到一个新的高度，却又在人生的最后几年致力于恢复罗马共和国的传统价值观。他死于公元前78年，墓碑上只有一句话："没有更好之朋友，亦无更坏之敌人。"但他为巩固罗马共和国所做的努力注定是徒劳的。摧毁苏拉改革成果的那个人早在这位独裁者死前便已现身——他就是"伟大者"格涅乌斯·庞培。

当庞培在公元前83年带着他的三个军团加入到苏拉阵营之时，他年仅23岁，还未担任过任何公职。但庞培拥有大量财富、才华、个人魅力以及与之相匹配的超凡自信。在军旅生涯的早期阶段，庞培就赢得"少年屠夫"的绰号。但他更喜欢的一个称号是

不列颠

贝尔盖
山北高卢
日耳曼
莱茵河

阿莱西亚
埃杜伊
格尔戈
威亚
韦尔切利 山南高卢
奥兰治
纳博讷高卢
多瑙河
卢西塔尼亚
努曼提亚
伊利里库姆
西班牙
卢比孔河
卢卡
普罗旺斯
地区
罗马
阿尔皮努姆
卡普阿
马其顿
孟达
维苏威火山
庞贝
塔兰托
法萨卢斯
迦太基
西西里
阿克
提乌姆
毛里塔尼亚
努米底亚
塔普苏斯
阿非利加
昔兰尼

───── 约公元前100年的罗马帝国疆界
─ · ─ · 由庞培吞并的领土
· · · · · · 由凯撒吞并的领土
─ ─ ─ 由屋大维－奥古斯都吞并的领土

0　　公里　　500
0　　英里　　300

地图7　最后一个世纪的罗马共和国

· 118 ·

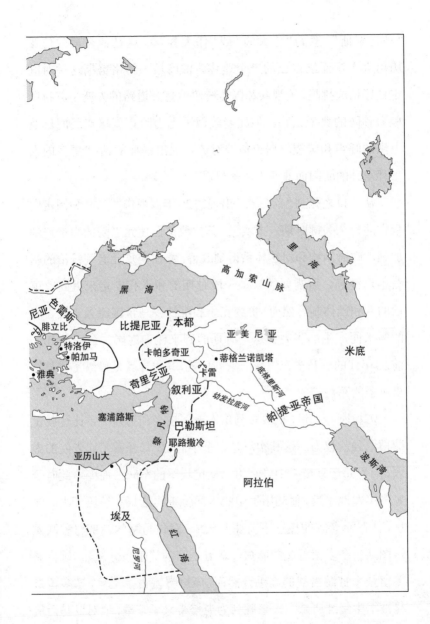

"马格努斯"（意为"伟大的"或"伟大者"），这是他有意效仿亚历山大大帝而给自己的一个尊称。像庞培·马格努斯这种对既定秩序构成挑战，无视共和国传统政治晋升道路的人就是苏拉所极力预防的典型人物。但元老院似乎无力阻止庞培在民间日益上涨的呼声和威望。据说他曾对苏拉说出这样的话："更多的人崇拜东升的骄阳而非西山的落日。"

从苏拉之死到"前三头"出现的20年被视作罗马共和国走向衰亡的一个关键时期。事实上，苏拉改革已使元老院的力量得到加强。政府结构和司法体系得到改善，意在恢复元老院统治的基石也已铺好。所需要的只是一段时期的和平和安定来巩固改革后的共和国体制。然而，贵族竞争和维持罗马帝国庞大规模之间的需求而产生的张力让这一时期的到来化为泡影。公元前70—前60年代的罗马史充满着一系列危机，其主导者是操纵了罗马军事机器的军头们。

苏拉刚一去世，执政官马尔库斯·埃米利乌斯·雷比达就试图攫取独裁权力。这其实只是一个小问题，却暴露了元老院的虚弱，因为元老官员手中没有用来抵抗叛军的军队。而庞培此时恰好离事发地不远，他动用手中的士兵将雷比达叛乱镇压下去。随后，他在元老院的授意下前往西班牙，对付马略的老部将独眼龙昆图斯·塞多留惹起的麻烦。双方之间的战争十分激烈，因为塞多留是个打游击战的高手。然而，庞培慢慢占了上风，塞多留最终被军中叛徒所杀。军事胜利为庞培带来了荣耀，他对罗马西班牙行省的整治又带给他大量的财富和依附民。以上之事均发生在公元前71年庞培返回罗马城之前。

庞培不在意大利的日子里，罗马又遭到一个新危机的摧残，这就是古代最有名的那场奴隶起义。公元前73年，一个色雷斯角斗士率领70余人从卡普阿的角斗学校逃走，此人名叫斯巴达克斯。在将无家可归的农民和奴隶聚在一起后，由他训练的一支武装力量于公元前72年击败了罗马执政官率领的军队，并蹂躏了维苏威火山附近及外围四周的意大利中部大片地区。公元前71年，被选出并击败斯巴达克斯的将领是克拉苏。克拉苏系统而又无情地将起义军绞杀殆尽。斯巴达克斯战死沙场，6 000多名追随者被逐一钉死在从卡普阿通向罗马的阿皮亚大道之上。起义军中只有一小批人逃了出去，却又被返回意大利的庞培军一网打尽。斯巴达克斯起义因其传奇而不朽，但元老军队从叛军那里受到的羞辱进一步削弱了元老院的整体力量。同时，它还要面对两个敌对军阀的汹汹气势。

在斯巴达克斯被击败后，无论庞培还是克拉苏都未解散手中的军队。在将士兵驻扎在罗马城外后，两人为竞选执政官而达成协议，站在了一起。克拉苏此前曾担任过政府职务，也具备了法定候选人的足龄标准。但勉强达到36岁的庞培还从未担任过任何政府官职。然而，公元前70年他们的联合竞选最终获胜，作为执政官的庞培进入了元老院，这是对共和国传统的一个公开蔑视。在两人任职期间，保民官的权力全部得到恢复，这是对苏拉试图强化元老院权威的又一沉重打击。就在这时，一个潜伏于一角而被长期忽视的新危机出现了，它进一步扰乱了本已薄弱的权力平衡。

在罗马诞生之初，海盗就已成为地中海世界的一个危险。但到了公元前1世纪，这个危险到了将要泛滥的程度，尤其是在罗马灭掉从前能对海盗进行制约的海军强国迦太基和罗德岛后。到公元前60年代早期，意大利沿海城镇便暴露在海盗攻击之下，罗马日益增加的人口所依赖的粮食供给也因此遭到威胁。年轻的尤利乌斯·恺撒在东方旅行途中曾被一个海盗团伙俘获。在支付了高额赎金获救后，他回过头来把那些抓他的人全钉死在十字架上。但其他的罗马人就没这么幸运了。公元前67年通过的一项法律授予庞培统帅军队权以消除海盗威胁。庞培获得的权力十分巨大——他指挥着一支由124 000余人和270艘船只组成的庞大部队，这是共和国有史以来分配给单个将领的最大武装力量。他在海上拥有全权的"统帅权"，同时这一权力还延及海岸80公里以内的内陆地区。握有如此强大的兵力，在不到五个月的时间内，庞培将地中海上的海盗一扫而光，并攻陷了位于亚细亚南部的海盗窝点奇里乞亚。他用一种较为典型的流行方式纪念了这一伟绩，也就是给奇里乞亚的首府起了个新名字——庞培波利斯。这也是对他心目中的英雄亚历山大大帝的一种效仿。

在获得空前胜利之后，庞培趁热打铁，又取得了正在进行中的米特拉达梯战争的指挥权。本都国王米特拉达梯是罗马最顽固的敌人，他和罗马之间的战争打打停停进行了20多年。但当庞培成为这场战争的罗马统帅之时，米特拉达梯已是强弩之末。他最终于公元前63年被杀，此后庞培对罗马在东方的领地进行了重新规划。在罗马首次将霸权延及希腊东方世界的一个多世纪后，沿海地区的本都、比提尼亚、奇里乞亚和叙利亚最终成为罗马行省。在这些行省之外的疆域则由认可罗马霸权的依附国施行统治，其中包括犹大和亚美尼亚。尤其是亚美尼亚充当了罗马和公元前1世纪崛起的劲敌——位于伊朗地区的帕提亚帝国之间的一个重要缓冲带。新建行省贡献的税收是罗马国家收入的两倍有余，但庞培又从那些急于用钱保住王位的国王手中取得了大量财富。此外，广大的地中海东部地区的众多人口成了庞培的依附民。作为历史首富的庞培回到罗马城，并于公元前62年举办了迄今为止最令人叹为观止的一场凯旋式。

> 游行队列最前方高举着一张张牌子，其上标有他所征服的那些民族的名字。它们是：本都、亚美尼亚、卡帕多奇亚、帕夫拉戈尼亚、米底、科尔基斯、伊比利亚、阿尔巴尼亚、叙利亚、奇里乞亚、美索不达米亚、腓尼基、巴勒斯坦、犹大和阿拉伯。还有那些海盗势力，在海洋和陆地均被肃清。征服途中，他攻陷了不下1 000个设防地区，以及将近900个城市、800艘海盗船只。他还建立了39座城市。

他人如何才能与如此辉煌的胜绩相匹敌？罗马贵族竞争的标杆几乎被抬到高出视线以外的地方，因此元老院内许多人对庞培创立的不世之功感到恐惧。对策就是与之保持距离。一回到罗马，庞培就要求元老院批准他在东方做出的调整，同时要求授予他曾允诺过的老兵以土地。此举得到老对手克拉苏的支持，因为后者希望通过东方地区的税收来敛财。但庞培遭到了来自保守派元老的集体反对，其领头羊是令人畏惧的马尔库斯·波尔奇乌斯·小加图。他在道德节操和坚守原则拒绝妥协两方面以曾祖父老加图为榜样。庞培并没有试图用武力解决问题，因为他担心苏拉当年遭到的怨恨会落到自己头上，同时他也缺乏政治手腕来达到目的。正是这一僵局将迄今为止一个相对较小的角色推向了舞台中央，他就是盖乌斯·尤利乌斯·恺撒。

恺撒和庞培

生于公元前100年，恺撒是著名的尤利乌斯家族的后裔。该家族可以通过罗慕路斯一直上溯到埃涅阿斯和女神维纳斯时代。古老而辉煌的家族史是个人享有尊威的巨大资源，但恺撒的家庭在政治领域却表现得没那么突出。恺撒政治生涯的早期阶段要比庞培循规蹈矩得多。他在常规年龄按惯例出任较低级别的官职，最突出的业绩是在公元前63年赢得了大祭司竞选，此为国家宗教最高职位。在远征西班牙的战争中获得了几次小胜后，恺撒于公元前60年返回罗马，他希望元老院为其举行凯旋式，并要求执政官竞选。在加图和保守派元老的强迫下，他只得从凯旋式和职位竞选中选择其一。恺撒选择了后者。政治天赋和个人魅力的完美结合使他将对手庞培和克拉苏团结在身后。恺撒答应满足二人心愿，作为回报，克拉苏和庞培为恺撒竞选公元前59年的执政官提供金钱和影响力。

"前三头"就这么形成了。这是一个三人之间结成的非正式同盟，庞培迎娶恺撒的女儿尤利娅象征着同盟的缔结。恺撒如期当选执政官，尽管他的同僚，加图的朋友马尔库斯·卡普尔尼乌斯·比布鲁斯是个坚定的反对派。由于无法获取元老院的支持，恺撒把他的法律带到了公民大会的现场。在庞培和克拉苏的支持下，法律得以顺利通过。在广场上被人泼了一身"污秽之物"后，比布鲁斯就辞去了公职。赋闲在家的他宣称观察到了不吉的预兆。从技术层面讲，这种宗教干预可以让恺撒的法律变为非法，因为其未得到神的同意便得以通过。在恺撒晚年这一控诉又为他带来困扰。而此时，三巨头的统治已无人能够挑战。恺撒的法律给了庞培老兵孜孜以求的土地，并批准了他在东方的规划和税收征缴。执政官任期刚结束，恺撒便前往高卢，为自己寻求财富和荣耀。

高卢全境分为三部分，分别住着贝尔盖人、阿奎塔尼人，另一部分自称凯尔特人，尽管我们称之为高卢人。

这是恺撒所写《高卢战记》的开头语。此书（以第三人称写成）是他为证明高卢战争的正当性并庆祝征服高卢而创作的。《高卢战记》的大受欢迎让恺撒征服带上浪漫的色彩，尤其是记录他和高卢酋长维钦格托里克斯之间战争的故事，后者在阿莱西亚战役中被征服前曾于格尔戈威亚一役中击败了恺撒。用一种苛刻的眼光看，高卢战争可以更精确地被称为种族灭绝战争，因为十年战争期间被恺撒所杀及俘虏的人口大约在100万。恺撒的军事行动另一重要之处在于，罗马第一次越过莱茵河进入日耳曼，并横跨英吉利海峡进入不列颠。虽然这些征服行动收效甚微，它们却无可置疑地证实了恺撒的野心和军事实力。他现在拥有了荣耀、财富和足以对抗庞培霸权的老兵力量。

　　回到罗马，麻烦进一步酝酿。因反抗三头统治而遭到驱逐被迫暂时流放的西塞罗和元老院保守势力联合起来，致力于将庞培从恺撒一边拉拢过来。由于"前三头"出现式微的苗头，恺撒中断了正在进行中的高卢战争，于公元前56年在卢卡召开会议，会见了另外两头。卢卡会谈延续了三者间的同盟。恺撒继续保有高卢战争的指挥权，而在克拉苏远征东方以寻求荣耀之前，他和庞培再次联手，担任了次年的执政官。但此时裂隙已经显现。公

图11　庞培（左）和恺撒（右）的头像

元前54年，庞培和尤利娅之间幸福的婚姻因后者难产致死而画上句号，这给庞培和恺撒的同盟以致命一击。在两个更具野心的同僚之间充当平衡角色的克拉苏对帕提亚帝国发起了侵略战争，而罗马还未认识到后者的实力。克拉苏及其率领的军队于公元前53年的卡莱战役中被帕提亚重装骑兵和马上弓箭手合力屠杀。自此，罗马世界分裂为两大阵营。庞大如罗马帝国，也已无法容下庞培和恺撒这两只猛虎。

两个军阀之间的斗争揭开了共和国灭亡的序幕，这是一场非常典型的罗马内战。战争并不是看谁更爱国，或是否为罗马的未来而战。这是关乎权力、荣耀和尊威的较量，是罗马贵族自私自利本性的体现，标志着自我毁灭的罗马竞争精神的最高峰。由于恺撒的十年高卢征服战争很快就要结束，其敌人开始聚在一起围攻他。对恺撒可以威胁到自身崇高地位这一事实认识得十分清楚的庞培，联合了加图和其他保守派元老开始大打"共和"牌。就像上一代的苏拉那样，当面临战争和政治沉默的抉择之时，恺撒选择了战争。通过号召自己的士兵为维护其尊威而战，伴随着那句永镌史册的名言"骰子掷出去了"（ *alea iacta est* ），恺撒于公元前49年1月11日渡过卢比孔河进入了意大利境内。对于这一行径，生活于一个世纪之后的尼禄皇帝统治时期的罗马诗人卢坎简练地评论道："恺撒不接受平庸，庞培不接受平等。"

在此后的五年里，暴力遍布地中海的各个角落。庞培向东方撤离以团结支持者的力量。恺撒军团一路追去，在公元前48年希腊中部的法萨卢斯战场上，双方最后一次碰面。恺撒手里的人数只有庞培的一半，但其军队全由老兵组成，并且他亲自上阵指挥军团向庞培军队的侧翼发起进攻。在被俘的囚房中，得到恺撒饶恕的有西塞罗和布鲁图斯。庞培逃往埃及，受命于13岁的托勒密十三世，他被人杀死于埃及的一处海滩。恺撒把凶手处死，并和托勒密17岁的姐姐克莱奥帕特拉七世（据传她被裹在一个地毯里被人悄悄送进恺撒的帐中）缔结了盟约。随后，托勒密十三世被杀，恺撒让克莱奥帕特拉在其弟托勒密十四世的协助下接管了埃及。后者很快死去，克莱奥帕特拉给刚出生的儿子取名为恺撒里昂。

尽管庞培已死，恺撒依然要面对许多敌人。其中有些威胁性很小，比如米特拉达梯的儿子——本都王国的法那西斯。公元前47年，恺撒用不到一周的时间就将其打败。恺撒用了寥寥数词纪念自己取得的功绩："我来过了，我见到了，我征服了（*veni, vidi, vici*）。"更具威胁性的是残存的共和国卫士们，以小加图为首。恺撒在公元前46年于北非的塔普苏斯击败了一支共和国军队。面对恺撒的仁慈，小加图选择了自杀。他是共和国的殉道士，许多保持共和国信念的罗马人随后也以同样的方式死去。甚至在此时，庞培从前的支持者又在西班牙集结起来，公元前45年的蒙达战役是罗马内战中最残酷，也是最血腥的一场战斗。恺撒的最终获胜稳固了他作为罗马世界独裁者的地位。

三月十五日

内战的摧残给共和国造成了严重破坏。行省陷入一片混乱之中，而作为罗马统治实体的元老院也失去了最后的权威。落在恺撒肩膀上的重任是他必须在其参与过的破坏之上进行重建。在其实施独裁统治的那段极短的时间内，他为随后罗马帝国的历史奠定了几块关键性基石。他重新厘定了行省管理和税收政策，罗马公民权的授予范围超出意大利，进入高卢、西班牙及其他地区。他还在某些荒废的城市（如迦太基和科林斯）建立殖民地，安置自己的退役老兵以助其恢复生机。在罗马城，恺撒用一年含365.25天的阳历算法取代了已不再精确的阴历。同时，一系列公共建设工程增加了就业率，并给这座城市和恺撒带来了荣耀。

恺撒的所有改革几乎都未遭到直接的反对。引发仇恨的是他实施权力而采用的方式。为了维持统治，恺撒坚持将独裁官保留在自己手中，其时限甚至比遭人憎恶的苏拉独裁官任期还要长。公元前45年通过的一项法令规定任期为10年。到了公元前44年，恺撒宣称他将终身担任独裁官一职，这暗示着恺撒已彻底抛弃共和国情愫。高级官员的遴选不再通过选举，而是由恺撒任命。人选甚至在其上任的五年前就已定好。元老院依然对决策进行投票，只不过它们已是恺撒决定好了的。因此西塞罗抱怨说他的名字被添加在了他从未见过的法令之上。昆克提利乌斯月（Qinctilius）更名为尤利乌斯月（July）。有流言称恺撒希望成为被逐走的罗马人的国王，尽管他在公元前44年2月举行的牧神节上公开拒绝了马尔库斯·安东尼为其献上的一顶王冠。在罗马，"王"（rex）这一头衔被人仇视了数世纪之久，而身处这一文化中的恺撒竟成了一个赤裸裸的独裁者。

在公元前44年最初的几个月里，恺撒正在准备一场针对帕提亚的庞大军事征服行动，一方面为克拉苏报仇，同时也想从罗马紧张的气氛中解脱出来。计划好的离开让他的敌人最终定下了奋起反击的具体日期。恺撒对其所遭受的敌视十分清楚。他的妻子卡普尔尼娅曾梦到他被杀。同时，占卜师斯普利那告诉恺撒要警惕3月15日这一天。在恺撒被刺当天（3月15日）前往元老院的途中，他遇到了斯普利那。恺撒跟他打了个招呼，还开玩笑地说了句："3月15日已经来了啊。"占卜师轻轻回复说："是的，但这一天也还没有过去。"（见普鲁塔克）在元老院会堂内，恺撒被人围住，遭砍杀身亡，倒在他修缮一新的庞培雕像旁边。

有60位甚至更多的人参与到刺杀恺撒的阴谋中去，这强有力地证明了他引发的巨大仇视。西塞罗，这个对恺撒的恐惧和对他的敬仰同样强烈的人，在一封读来令人胆战心惊的信函中对恺撒之死欢呼雀跃，称之为"最为华丽的宴席"。"解放者"（这是他们给自己起的一个称呼）的领头人物是马尔库斯·尤尼乌斯·布鲁图斯。他是小加图的女婿，也是公元前510年驱逐国王的那个布鲁图斯的后裔。恺撒临终前最后几个字就是讲给他的——"还有你，我的孩子"（kai su teknon），这句话在莎士比亚戏剧中被换成了"还有你，布鲁图"（et tu Brute）。法萨卢斯战役后，布鲁图斯得到了恺撒的宽恕，甚至他未来的仕途去向也给安排好了。这表明布鲁图斯的举动并非纯粹出于野心驱使。但这一原因并不能解释所有那些参与阴谋的同僚们的动机，因为每个人的动机都十分不同，如有人和恺撒有私仇，还有人希望能和恺撒竞争，从后者那里夺取官职和荣誉等。但这些"解放者"中没有一人想到过恺撒死后的将来。或许他们只是单纯希望原来的共和国能够回来。但共和国已经死了，恺撒之死留下的权力真空只能由其他人来填补。

恺撒曾准确地预测过他的死会导致另一场内战的爆发。布鲁图斯和"解放者"们被恺撒的副将马尔库斯·安东尼赶出了罗马城。但是安东尼又因盖乌斯·屋大维乌斯的出现而受到挑战。屋大维是恺撒年仅18岁的孙外甥，他因为恺撒的遗嘱而被过继成为恺撒的继子兼继承人，因此名字就改成了盖乌斯·尤利乌斯·恺撒·屋大维亚努斯。他和马尔库斯·埃米利乌斯·雷比达以及安东尼一起组成了"后三头"。西塞罗就是公元前43年"后三头"权力崛起中的众多牺牲者之一。公元前42年，在发生于希腊腓立比的两次战役中，"解放者"被击败，布鲁图斯自杀身亡。但是"后三头"的关系并不如"前三头"那样稳固。无能的雷比达被搁在一旁，罗马世界再一次分为两极阵营，分别是位于意大利的屋大维，以及同新盟友埃及女王克莱奥帕特拉站在一起的安东尼。在公元前31年的阿克提乌姆海战中，安东尼和克莱奥帕特拉被击败，两人逃往埃及，随后自杀身亡。屋大维成了罗马世界的统治者。四年后，他取号"奥古斯都"。

罗马共和国历时近500年。其故事发端于国王被逐，结束于皇帝出现。罗马从一个为生存而奋斗的意大利小城转化成为庞大地中海帝国的霸主，唯有来自内部的冲突才威胁到了她的统治。然而，罗马的成功和失败又是不可分割地纠缠在一起的。在元老院集体权威的领导下，共和国特有的政治体制为罗马提供了稳定性和前进的方向，而贵族之间的竞争所导致的社会压力及其对荣耀的渴望驱使罗马不断向外扩张。但扩张激发的社会、政治和经济力量令共和国不堪其重，并且随着竞争日益激烈，权力落入少数军阀之手，他们之间的敌对最终演变为内战。然而，罗马共和国的故事并未因庞培和恺撒，安东尼和屋大维之间的流血和徒劳战争而终止。罗马对地中海世界的霸权还将存在于接下来的几个世纪中，罗马帝国则在共和国的功绩中扎根生长。即使在罗马以外，罗马共和国的遗产仍旧保留下来，成为后世乃至今日的理想典范和警世预言。

第九章

共和国的余响

时至今日，罗马共和国灭亡已逾两千年，但其遗产却被保留下来。从废墟中诞生的罗马帝国沿用罗马共和国的传统，尽管这时皇帝独裁已取代了元老院集体统治。罗马帝国渐渐皈依基督教又为其增添了新的元素，对古罗马的尊敬又受制于针对异教根源进行的谴责，这一张力清晰地体现在来自希波的奥古斯丁（公元354—430）所著的杰作《上帝之城》中。在此后的多个世纪里，罗马共和国的影响力逐渐消亡，直到为人熟知的文艺复兴时代，古典文学和艺术迎来伟大的复苏。从马基雅维里的政治哲学到莎士比亚的戏剧，罗马共和国历史上的理想与教训、英雄与恶棍在一个新的世界中得到重生。伴随着美国和法国爆发的伟大革命，其间从罗马共和国乌托邦处获取灵感，人们对罗马历史的欣赏在动荡的18世纪具有了更大的意义。时至今日，罗马共和国遍及从知识分子话语到电影电视作品等西方文化的各个角落，以许多甚至不易察觉的方式影响着我们的生活。

从共和国到帝国

十九岁时，我用私人财产自行组建了军队，借此我恢复了为独裁派系所压制的共和国的自由。

刻于奥古斯都陵墓上的追悼铭文《功德碑》的开篇词,让墓主作为共和国捍卫者的自画像变得不朽。奥古斯都拒绝暗指其实施独裁统治的一切称号,他喜欢用更传统的指称"*princeps*",即"第一公民"来称呼自己。事实上,奥古斯都就是皇帝,他治理的共和国的架构仅存在于名义上。元老院不再拥有权力,其功能是为了支持奥古斯都提出的请求,年度官员由皇帝任命而不再通过公民大会选举产生,军队听命于作为国家代表的皇帝。到公元14年奥古斯都逝世时,皇帝统治已牢固建立起来。罗马共和国让位给了罗马帝国。

但是,奥古斯都的形象,即所谓"元首制"(Principate)的门面,其本身就是将共和国继续保留在罗马的一个证明。奥古斯都从尤利乌斯·恺撒的命运中吸取教训,后者毫无遮掩的独裁统治直接导致其被刺身亡。奥古斯都对元老院怀有敬意,捍卫共和国价值观,同时尊崇道德和宗教。他安抚了经历整代人的内战而疲惫不堪的民众,并准备用传统的方式接受赋予他的权力。奥古斯都的直接继承人被迫做出类似的让步。公元1世纪,每一名赤裸裸地崇拜独裁政权的皇帝,从卡里古拉到尼禄再到多米提安,全部被消灭掉。如果不认可罗马共和国的过去,第一公民是无法实施统治的。

在日常生活层面,从共和国到帝国的转变虽是渐进式的,但变化深远。一个时空旅行者若从公元前1世纪早期进入到公元1

世纪末期,他对于眼前的不同或许与其观察到的相同之处所产生的惊讶程度大致相当。服装风格、房屋设计以及阶层和性别的差别鲜有不同。人们继续阅读罗马共和国时代创作的文学作品,其艺术也被用来为帝国服务。但也有新元素的出现,因为"罗马人"这一称呼的定义在帝国时代发生了巨大的变化。在罗马共和国时期,只有在同盟者战争后,罗马公民权才被给予其他意大利民族以及受罗马特别恩宠的非意大利人。在整个公元1世纪和2世纪,罗马人的身份遍布地中海,直到3世纪,罗马公民权才扩展至整个帝国。在一个日益罗马化的世界,共和国的传统在罗马以外的地方缺乏纽带。高卢、西班牙或者希腊东方行省内新增的罗马人口没有动力庆祝当年抵抗罗马共和国军队而遭遇的失败斗争。有关罗马共和国的知识随着岁月的流逝而衰减,虽然直到公元4世纪,对于那些骄傲地宣称自己是某些伟大的罗马共和国英雄们后裔(尽管这是虚构出来的)的贵族家庭,这些知识显得依然重要。

上帝之城

到4世纪,一个新事物已在罗马世界深深扎根。在罗马第一个基督徒皇帝君士坦丁于312年皈依后的数年,基督教已发展成在罗马帝国处于支配地位的宗教。对基督徒来说,罗马共和国的历史既有一种吸引力,又是一个挑战。许多基督徒,尤其是他们中的知识精英们以拥有罗马遗产为傲。但是,他们已背弃了曾造就罗马霸权的那些古老神祇(根据罗马人的传统说法)。公元

410年哥特人攻破罗马是该城在800年来首次遭遇浩劫。这一历史事件将宗教矛盾带到一个新的高度。罗马城的陷落是否源于基督徒抛弃罗马神灵而引发的诸神愤怒？正是在此背景下，希波的奥古斯丁写出了最具影响力的从基督教角度诠释罗马共和国的早期论文，并将其并入自己的巨著《上帝之城》中。奥古斯丁看待罗马共和国历史的视角和李维或西塞罗十分不同。他反对那些依然将罗马共和国的兴起和衰亡归因于罗马人的道德以及古老神灵的看法。相反，奥古斯丁对早期罗马人及其诸神进行谴责。当罗马人崇拜的魔鬼因其罪恶而闻名时，又怎能说它们能够给予追随者以美德呢？朱庇特就是一个连环通奸者，维纳斯抛弃了丈夫伏尔甘去勾引马尔斯。罗马共和国宗教中的诸多神灵只不过是个笑料，同时他们也并未能保护罗马免遭皮洛士和汉尼拔的摧残。早期罗马配不上"充满美德的黄金时代"这一名声。罗马历史肇端于罗慕路斯杀死雷穆斯以及劫掠萨宾妇女的鲜血中。卢克雷提娅因自尊而非出于基督徒妇女卑微的谦逊而自杀。罗马人喜欢标榜"忠诚"（*fides*），但又摧毁了他们的盟友。他们对尊威和荣耀的痴迷引发的权力欲望使晚期罗马共和国深陷内战的泥沼。因此，奥古斯丁手持罗马共和国的传统价值观反过来攻击罗马人，并指出只有随着基督的到来，罗马人才能了解到真正的美德。

不过，奥古斯丁也确实承认罗马共和国具有的某些卓越之处。和罗马前辈一样，他也将罗马的帝国征服视作神圣天意，即基督上帝的意旨。为何上帝允许异教罗马拥有支配整个古代世

界的权力？在奥古斯丁眼中，上帝将这一统治权

> 优先交给那些人而非其他任何人手中。他们出于名誉、赞美
> 和荣耀而服务于自己的国家。他们探寻发现祖国安全之荣
> 耀高于个人之安危。他们压制对金钱及诸多其他不端之事
> 的贪婪，以拥护其中一点，即对赞美之爱。

罗马人对荣耀的渴求如果本身并非一项美德的话，那么它抑制了更加严重的罪恶不断滋生，从而赢得了上帝的爱。罗马共和国的英雄们拥有基督徒应当学习并赶超的优秀品质。辛辛那图斯来自垄亩，接过独裁官一职，然后回归贫寒。盖乌斯·法布里奇乌斯拒绝了皮洛士送上的贿赂。

> 当我们为至上荣光的上帝之城服侍时，若未能展示出罗
> 马人曾在地上之城追逐荣耀树立榜样中呈现出的那些品质，
> 那我们应因羞耻而感到刺痛。如果我们确实展现出了这些
> 美德，那我们也丝毫不能以此为傲。

正是出于对其卓越品质的奖励，罗马人在尘世的地位被拔得很高。但他们将无法获得最高的那份奖赏，它们是留给在天堂里的基督徒的。不像真实、永恒的上帝之国，罗马共和国如尘世间的所有领域一样，都是暂时性的。

奥古斯丁死后的数世纪中，有关罗马共和国的知识变得湮

灭不闻。在东方，罗马帝国以拜占庭帝国的形式存活下来，而拜占庭作家继续展现出对古罗马的兴趣，声称要保护罗马的历史传统。但在罗马帝国灭亡后的西部世界，罗马共和国的英雄和故事被圣经《新约》和《旧约》中记载的人物和事迹所替代，就像奥古斯丁和其他教会神父们的著作取代了普劳图斯、卡图卢斯和西塞罗的作品一样。一件保存于罗马梵蒂冈博物馆的手抄本最初藏在意大利北部的博比奥修道院内。大约7世纪末，一个无名僧侣在今天仅存的这部完整的西塞罗《论共和国》复本之上，誊写了拥有无数版本的奥古斯丁的《诗篇注释》。西塞罗这部伟大的政治学论文的残稿，以及无法追忆的无数亡佚的共和时代的作品，是有关罗马共和国的记忆在中世纪走向衰落的一个悲哀的证明。

马基雅维里和莎士比亚

西方对罗马共和国以及古人曾经生活过的那个世界的兴趣随着14世纪文艺复兴的开始而复苏。对于古典艺术和文学的欣赏首先发端于像佛罗伦萨这样的意大利城市，罗马文化的兴起在这些城市里获得了特别的反响。意大利学者如彼特拉克（1304—1374）开始收集散落在各地的罗马共和国文化的遗物，罗马共和国的那些理想也被用来服务于新的社会和政治模型。随着文艺复兴传播至整个欧洲，古罗马以不同的形式被重新诠释以广泛满足各类需求。这一改造过程具有的绝对多样性，体现在处于文艺复兴时代两个截然不同顶峰的两人所写的著作中：佛罗伦萨人马基雅维里的政治哲学，以及英国人威廉·莎士比亚的戏剧。

在今天，尼科洛·马基雅维里（1469—1527）这个名字通常和"马基雅维里政治原则之信徒"（Machiavellian）一词所表达的愤世嫉俗和阴险狡诈的权力实践联系在一起。马基雅维里最著名的作品是《君主论》，在书中他为统治者如何获得和维持权力提供了建议。同时，就共和国政府本质这一问题的探讨，特别是关于他自身所在的城市佛罗伦萨，马基雅维里也是首屈一指的思想家。他孜孜以求的共和国模型不可避免地将他的目光聚焦在了古罗马。正如他在《论李维前十书》开篇附近所谈到的那样：

> 那些阅读了关于罗马城是如何建立的，由哪些人建立的，以及罗马城邦的法令和法律都有哪些的读者，将不会对以下这类事实感到吃惊：在经历过诸多世代以后，罗马依然能维持其众多卓越之处，或者她能够在日后成长为一个如此伟大的帝国。

尽管取了这么一个标题，但马基雅维里的这部著作涵盖了整个罗马共和国时期，而不仅仅只是涉及李维《建城以来史》的前几卷。通过罗马共和国历史上的事例，它为国家和政治家应如何行动提供了实践性纲领。这些例子涵盖了从"阶层斗争"及贵族和平民政府之冲突，到从汉尼拔和西庇阿·阿非利加努斯的政治生涯汲取的军事建议等。透过马基雅维里实用性的眼光而非奥古斯丁的宗教视角，作为获取灵感之源，罗马共和国在文艺复兴时期意大利复杂的政治环境中获得了新的重视。

当然，马基雅维里充分意识到了将古罗马标榜为共和国理想模型的缺陷。罗马的成功为自身带来了毁灭，它的社会和政治结构无法应付帝国的扩张。对马基雅维里而言，原因非常明确：

> 如果我们对罗马历史之进程详加审视，则能发现有两点原因导致了罗马共和国之瓦解：第一，和土地法有关的分歧之出现；第二，军事指挥之延长。

因为这两点，罗马共和国面临着同人民的矛盾，并逐渐失去了对贵族及其军队的控制。马基雅维里为罗马随着皇帝的出现失去自由而感到痛心，但他也没有找到医治的良药，因为这就是罗马为其胜利所付出的代价。他认为，一个共和国必须在两条道路上做出抉择：是像罗马一样意在扩张，还是像古代斯巴达或今天的威尼斯一样更倾向于保全自身。马基雅维里的选择非常明了。那些拒绝扩张的国家或许能稍长时间地维持统治，同时避开困扰罗马共和国的一些冲突，但这么一来也就远离了荣耀之路。所有国家要么兴盛，要么灭亡，最好是接受不和以及野心带来的挑战，"将其视作无法避免的灾祸，我们才能实现古罗马般的伟大"。

伊丽莎白时代英格兰的剧院和马基雅维里的佛罗伦萨政治委员会是两个截然不同的世界。但对威廉·莎士比亚（1564—1616）来说，罗马共和国对他的吸引力并不小。在生动呈现古罗马上，莎士比亚戏剧的影响力不逊于任何现代媒体。莎士比亚对罗马人的兴趣体现了他那个时代的潮流（已知最早的古罗马历史戏剧是其对手克里斯托弗·马洛受维吉尔的《埃涅阿斯纪》启迪而写的《迦太基女王狄多》）。但正是莎士比亚的作品最佳地保留了伊丽莎白时代的人看待罗马史的视角。有三部莎士比亚的戏剧是基于罗马历史事件创作的，分别是：《尤利乌斯·恺撒》（1599）、《安东尼与克莱奥帕特拉》（1606）以及《科利奥兰纳斯》（1608）。这三部作品均大量参考了普鲁塔克的《传记集》，其由托马斯·诺斯爵士于1579年翻译成英文，尽管普鲁塔克并非莎士比亚创作的唯一来源。《泰特斯·安德洛尼克斯》（1592）和《辛白林》（1610）的剧情同样以古罗马为背景，但被设置在共和国衰亡之后。《错误的喜剧》（1594）中的故事发生在希腊亚细亚，但它以普劳图斯的罗马喜剧为原型。除戏剧作品外，莎士比亚还在他的一部叙事诗中描绘了引向罗马共和国诞生的事件，即《卢克丽丝受辱记》（1593—1594）。

　　不像马基雅维里，莎士比亚对于被视作理想国家的罗马共和国几乎没有什么兴趣。当时的英格兰是个君主制国家，英国国王的名字出现在许多最优秀的莎士比亚历史剧中。但是，罗马共和国的社会和政治矛盾在当时同人民代表、贵族特权及独裁权力相关的辩论中引发了强烈共鸣。莎士比亚为与罗马共和国相关的戏剧所选择的主题反映了当时的辩论及诗人在选角和戏剧潜力方面的敏锐眼光。罗马对外扩张及政治上相对稳定的那几个世纪被忽略了。取而代之的是，莎士比亚将其笔墨放在了共和国的诞生和衰亡这两个端点上。

在《卢克丽丝受辱记》（"卢克丽丝"即卢克雷提娅）中，莎士比亚首先以诗歌的形式探究了罗马共和国的起源，并以布鲁图斯誓言复仇以及反抗塔克文·苏佩布结尾。差不多20年后，通过对或许只是传说人物的盖乌斯·马尔奇乌斯·科利奥兰纳斯的发掘，莎士比亚又回到罗马共和国这一题材。被对手流放出罗马城的科利奥兰纳斯和罗马的敌人结盟，决意报仇。他对罗马的进攻最终因母亲和妻子的苦苦请求而放弃。此后，他因背叛众人而被新盟友杀害。莎士比亚将他的《科利奥兰纳斯》放在"阶层斗争"的开始阶段，而骄横的贵族和民众反复无常的拥护之间的对比在观众中间激起了明显的反响。和历史上的债务奴隶制无关，莎士比亚戏剧中的穷人因贵族囤积粮食而被激怒。在《科利奥兰纳斯》剧本创作前夕，这种不满激发了血腥的骚乱，被称作"米德兰暴动"。悲剧英雄身陷不同党派和他自己的骄傲营造的困境中，其行为暴露的紧张局势最终由于他的死亡而未能得到解决。

对当代观众来说，《科利奥兰纳斯》是莎士比亚戏剧中的一部知名度较小的作品。但《尤利乌斯·恺撒》和《安东尼与克莱奥帕特拉》就不一样了。总的来看，这两部戏剧讲述了从恺撒担任独裁官到屋大维（未来的奥古斯都）取得胜利之间的历史。莎士比亚再次对导致罗马共和国灭亡的内在原因缺乏持久兴趣。但恺撒被杀引发的政治继承和弑君的正当性这两个相伴而生的问题，在都铎和斯图亚特王朝时期的英格兰备受争议。对莎士比亚来说，这些问题和他剧中的角色体现的人性纠缠在一起。剧中人物的复杂动机既不是罗马式的，也不是伊丽莎白式的，而具有普

世性。莎士比亚的成就在安东尼于恺撒葬礼上的那篇著名演说
中得到了集中体现：

> 各位朋友，各位罗马人，各位同胞，请你们听我说；
>
> 我是来埋葬恺撒，不是来赞美他。
>
> 人们做了恶事，死后免不了遭人唾骂，
>
> 可是他们所做的善事，往往随着他们的尸骨一齐入土；
>
> 让恺撒也这样吧。尊贵的勃鲁托斯
>
> 已经对你们说过，恺撒是有野心的；
>
> 要是真有这样的事，那诚然是一个重大的过失，
>
> 恺撒也为了他付出惨痛的代价了。

图12　在根据莎士比亚《尤利乌斯·恺撒》剧本改编的电影（1953）中，马
龙·白兰度所扮演的马可·安东尼

现在我得到勃鲁托斯和他的同志们的允许——

因为勃鲁托斯是一个正人君子，

他们也都是正人君子——

到这儿来在恺撒的葬礼中说几句话。

他是我的朋友，他对我是那么忠诚公正；

然而勃鲁托斯却说他是有野心的，

而勃鲁托斯是一个正人君子。

（《尤利乌斯·恺撒》，第三幕，第二场）[1]

在《尤利乌斯·恺撒》中，更受人喜爱的角色到底是恺撒还是勃鲁托斯（即历史上的马尔库斯·布鲁图斯），观众对这一问题从未达成一致，而这正是莎士比亚的天才之处。恺撒所具有的野心是非常典型的罗马人品质，而痴迷于勃鲁托斯身上体现出的荣誉感或尊威同样如此。但这些都是普世性价值观，它们并不和安东尼对朋友的忠诚以及随后众人看到残缺不全的恺撒尸体而产生的恐慌有什么差别。勃鲁托斯是一个正人君子，他因其死亡而被赞颂为"最高贵的罗马人"。但荣誉感驱使他去刺杀待他如亲子的那个人。莎士比亚剧中的勃鲁托斯要比普鲁塔克笔下的同一人物更具野心，也更具人性。同样的分析可以用在《安东尼与克莱奥帕特拉》剧中的主人公上，尽管无论是这对骄奢淫逸的夫妇还是精于算计的屋大维都没有勃鲁托斯那样充满吸引力或

---

① 译文引自朱生豪译，《莎士比亚全集》第五卷，人民文学出版社，1994年，148—149页。朱译剧名为《裘力斯·恺撒》。——译注

具有悲剧性。不管缺乏浪漫主义的纯化论者对莎士比亚剧中的历史精确性问题提出什么样的批判，莎士比亚仍将古代罗马人生动地刻画了出来，其采用的手法鲜有他人能够匹敌，而正是在这种手法中蕴含着他的罗马戏剧之所以拥有持久吸引力的奥秘。

共和国与革命

文艺复兴对于罗马共和国记忆产生的影响极其深远，这种影响没有比在18和19世纪大革命时代的激荡岁月里表现得更为明显的了。罗马古老知识的复兴为席卷欧洲和新大陆日益高涨的反对专制王权的斗争又添了一把火。罗马共和国为去君主化的政府提供了一个理想范本。在这样一个国家中，在至高无上的人民以及由人民选举的官员管理下，自由通过法制得到保障。托马斯·霍布斯在《利维坦》（1651）一书中已将英格兰内战与西塞罗的影响，以及"被教导仇视君主制的罗马人的观念"联系起来。在18世纪的美国和法国，以罗马为模板，共和派的观点不断积攒力量，拥有截然不同的命运走向。

一名21世纪的旅行者在华盛顿特区或许依然能够察觉到罗马共和国对美利坚合众国的开国元勋们产生的影响。当新的联邦政府在1791年成立时，城市的那些地标被重新命名以向罗马表达敬意。古斯克里克（Goose Creek①）更名为台伯克里克（Tiber Creek），詹金斯山（Jenkins Hill）变成了卡匹托尔山

---

① 又名鹅溪，"creek"一词在英文中有小河、溪流之意。——译注

（Capitol Hill[①]）。美国议会的召集地就叫卡匹托尔，这让人想起罗马的至尊至大朱庇特神庙。对于所有参与到为合众国宪法制定而辩论的那些人来说，这些关联十分熟悉。许多人借用罗马共和国的名字，如布鲁图斯、加图和辛辛那图斯来发表自己的观点。《联邦党人文集》（1787—1788）的作者詹姆斯·麦迪逊和亚历山大·汉密尔顿——两位美国宪法的主要起草人——就用过普布利乌斯这一笔名。这让人想起了在罗马共和国和布鲁图斯并肩作战的那位普布利乌斯·瓦列里乌斯·普布利考拉。

这些影射并非只是为了华丽的修辞。对于形塑美国的先驱者来说，罗马共和国提供了一个现实可行的模板，借此他们可以获得指引。约翰·亚当斯就是这批人中的一员。他在1787年发表了那篇杰出的论文——《为美利坚合众国政府宪法辩护》。作为继乔治·华盛顿后的美国第二任总统，亚当斯笃信历史上以罗马为原型的均衡政体。他最为青睐的政治家是西塞罗，后者对共和国政府的设想被亚当斯放在了序言部分以示敬意：

> 古往今来，世间尚未诞生一位身兼政治家、哲学家，比西塞罗更为伟大之人。其应掌握重大之权力。其对政府三分之笃信建立在不可变更之理由上。法律，于任何时代及任何形式之政府，乃唯一规章、度量及司法之保障，定能得到保护。共和国之名，意为人民财产应在立法机关内得到代表，

并决定司法之规章。

在西塞罗的理想共和国中，政府的三个分支分别是官员、元老院和公民大会。而根据亚当斯的宪法，这三个分支变成了总统（掌握执政官的裁决权）、参议院（作为审核机构，负责批准条约以及监督其他分支）和众议院（负责法律的通过和宣战）。像马基雅维里一样，亚当斯及其同辈知道罗马共和国最后灭亡了。他们的解决方案有二。首先，出于实际考虑，以及为了避免被许多人认为是简单的多数人民主而造成的暴政，选举产生的众议院替代了公民大会。一般民众就被排除在扮演政府任何集体角色之外，作为元老院精英的西塞罗一定会对此报以热心的支持。第二，再次和西塞罗的理想相契合，这种制度的监督和制衡功能得到了加强。如果任何一个分支或者个人掌握了过多的权力，就像在罗马共和国灭亡之时所发生的那样，那么其他分支将联合起来进行抑制。因此，新美国从过去的历史中得到教训，实现了罗马自身得而复失的稳定。

法国的共和主义从未获得像美国那样的凝聚力和稳定性，但它依然借鉴了许多古典的范例。在1789年大革命爆发的前几年，法国人对罗马共和国的兴趣十分强烈。孟德斯鸠的《论法的精神》发表于1748年，该著作对美国的建国先父们产生了深远影响，尤其是他对政府行政、立法和司法三个功能分立的坚持。然而，他从罗马历史中吸取的教训是极其不同的。根据孟德斯鸠的说法，"在将国王驱逐后，罗马政府本应该走上民主制"。然而这一切并未发生。元老贵族集团继续把持着权力，同时，随着罗马霸权的扩张，个人财富和野心将罗马引向暴政。孟德斯鸠总结说："对一个共和国而言，拥有一小块领土是正常的。否则，共和国是不可能持续存在下去的。"一个像罗马这样大的共和国必将不可避免地走向腐败并陷入专制主义而抛弃对美德的爱，后者被孟德斯鸠视作所有共和政府赖以生存的一个根本原则。

卢梭在他的《社会契约论》（1762）中采用并完善了孟德斯鸠对罗马共和国的看法。任何一部作品都未能像这本书一样激发了法国大革命的理想。在寻求理想社会的过程中，卢梭将目光投向古代罗马，试图理解"地球上最为自由和最为强大的民族是如何行使其至高无上之权力的"。卢梭对自由通过法律之规章得以保障的强调和美国同辈们的观点密切契合。但卢梭高度重视人民主权和保持公共道德的需求，以此防止滑向专制主义，就像孟德斯鸠所预言的那样。因此，在《社会契约论》中，卢梭的首要目标是鼓励公民过一种其理想中的共和国政府所需要的德行生活。根据这些主张，卢梭将罗马共和国视作他所生活的时代需致力效仿的一个象征。在罗马共和国时代，卢梭认为：

> 当时的人民不仅是最高统治者，而且也是政府官员和法官。元老院只是一个下属的仲裁法庭，来调和集中处理政府事务。至于执政官自己，尽管他们出身于古老的权贵世家，是第一执政官，是战场上的绝对统帅，但在罗马只不过是人民的首领罢了。

这种人民主权论转而受到罗马美德的保障。卢梭所认为的古罗马人的基本特点就是美德，正如古犹太人的特点是宗教，迦太基人的特点是商业一样。甚至罗马共和国堕入无序和专制都丝毫不影响卢梭对罗马人民的赞誉，在卢梭看来，罗马人民"从未停止选举官员，通过法律，裁决案件，处理各种公私事务"。卢梭将罗马共和国灭亡的原因直接归为导致内战的"贵族制的滥用"。

无论是卢梭对罗马政治做出的解读还是他对罗马美德的景仰都无法承受严格的历史批判。但是卢梭产生的影响是深远的，其关于古罗马的看法对法国读者的吸引力不亚于约翰·亚当斯的理论在美国国父们中产生的效应。事实上，通过两人对罗马共和国历史所做的截然不同的判读，卢梭和亚当斯揭示了美国和法国的共和主义踏上的不同之路，后者在法国大革命中发挥了作用。不同于亚当斯所推崇的权力监督和制衡这种西塞罗模式，法国的革命家们沿着卢梭的指引前行，强调对人民主权和公共道德的捍卫。试图建立"美德共和国"的愿望在罗伯斯庇尔恐怖时代达到高潮。在不到10年间，法国重演了500年的罗马史。它推翻君主制后建立了共和国，接着共和国又在无序状态下瓦解，最后迎来的是独裁政权。但罗马的吸引力是持久的，其因雅克-路易·大卫的名画《萨宾妇女的调停》（1799）而不朽，这幅画在作为法兰西第一执政的拿破仑·波拿巴篡夺权力的同一年被揭示。

从罗马帝国到教父时期，再到文艺复兴，最后至大革命时代，不同世代都在对共和国的记忆进行重新解读，以服务于这个正在

图13　雅克-路易·大卫,《萨宾妇女的调停》(1799)

变化的世界的需求。这是一个持续的过程,一直前进,未加中断,直至今日。在19世纪,关于罗马共和国时代的征服有一个流行的"防御性帝国主义"的解读。也就是说,罗马持续不断的战争并非因其侵略性和贪婪性,而是出于保护罗马自身及其盟友的安全之需要。这样的解读在李维和其他的罗马史料中找到了支持。但"防御性帝国主义"同样为当时欧洲的帝国权力提供了正当性,这些欧洲强国以类似的借口扩张自己的海外帝国。在20世纪下半叶,随着对罗马式好战越来越多的效仿以及在与驱使罗马进行扩张同样的压力下,这些帝国轰然解体。更晚近的学者对政治和战争这些传统领域之外的罗马共和国的生活产生了更强烈的兴趣。

21世纪早期以来,对研究者来说,罗马人的家庭纽带、性别角色以及社会和宗教价值观有了新的意义。

　　罗马共和国也继续渗透在西方文化中。其中某些影响因扎根太深以至于被人们轻易忽视。帝国时代遍及欧洲许多地区的罗马道路和城市网络首先成形于罗马共和国时期,作为晚期罗曼语之根基的拉丁语的传播同样如此。罗马共和国时期出现的一些术语和概念在今天的政治辩论中具有重要作用,同一时期产生的词语和图像也激发了现代作家和艺术家的灵感。罗马共和国跌宕起伏的历史在我们的想象里从未停止拨动我们的心弦,无论是遭高卢洗劫的罗马城,还是穿越阿尔卑斯山的汉尼拔,抑或是卢比孔河岸边以及三月十五日殉难的尤利乌斯·恺撒。

　　在转向罗马共和国的历史寻求灵感时,每一代新人都能在试

图14　塞伦·希德在HBO/BBC系列剧《罗马》中扮演的尤利乌斯·恺撒

图吸取某些教训的同时，揭示出自身的某些特性。今天，当透过2 000余年的历史回顾以往，罗马共和国的灭亡再次吸引了大众的眼球。罗马向外扩张、不断取得胜利的年代很少出现在电影和电视作品中，制片人和观众都更加喜欢罗马共和国那充满暴力和悲剧的结尾。从柯克·道格拉斯主演的经典电影《斯巴达克斯》（1960）到BBC制作的电视剧《罗马》（2005），共和国的最后岁月对那些渴望重现古罗马历史的人们产生的吸引力十分明显。但是，在这个变化比以往都更为迅速的世界里，我们依然希望能从罗马共和国的失败以及向罗马帝国的转变中，为自我寻求经验和教训。

年　表

（下文纪年均为公元前）

约 1220 年？	特洛伊战争
约 1000 年	罗马广场出现火葬坟墓
约 800 年	迦太基建立
753 年	传统上的罗马建城年
约 750 年	帕拉丁山上出现铁器时代搭建的小屋
753—510 年	罗马七王统治
	罗慕路斯
	努马·庞皮利乌斯
	图鲁斯·霍斯提利乌斯
	安库斯·马尔奇乌斯
	卢修斯·塔克文尼乌斯·普利斯库斯
	塞尔维乌斯·图利乌斯
	卢修斯·塔克文尼乌斯·苏佩布
510—509 年	卢克雷提娅遭强暴；末代国王卢修斯·塔克文尼乌斯·苏佩布被逐；罗马共和国成立
499/496 年	在雷吉鲁斯湖畔罗马人打败拉丁人
494 年	第一次平民撤离运动

约 450 年	《十二铜表法》
390/387 年	高卢人洗劫罗马
280—275 年	和皮洛士的战争
264—241 年	第一次布匿战争
241 年	西西里成为第一个罗马行省
237 年	罗马占领撒丁尼亚
218—202 年	第二次布匿（汉尼拔）战争
211 年	攻陷叙拉古
200—196 年	第二次马其顿战争；"希腊自由"
191—188 年	和叙利亚的安条克三世（大帝）的战争
186 年	镇压酒神节
184 年	马尔库斯·波尔奇乌斯·老加图担任独裁官
172—168 年	第三次马其顿战争
149—146 年	第三次迦太基战争
149—148 年	安德里斯库斯暴动；马其顿成为罗马行省
146 年	攻陷科林斯和迦太基；阿非利加成为罗马行省
133—121 年	提比略和盖乌斯·森普罗尼乌斯·格拉古
113—101 年	和辛布里人以及条顿人的日耳曼战争
112—105 年	朱古达战争
104—100 年	盖乌斯·马略连续五年担任执政官；马略改革
91—89 年	同盟者战争
88 年	卢修斯·科尔涅利乌斯·苏拉进军罗马
82—79 年	苏拉独裁统治

73—71年	斯巴达克斯起义
70年	格涅乌斯·庞培·马格努斯和马尔库斯·里奇尼乌斯·克拉苏担任执政官；马尔库斯·图利乌斯·西塞罗控告盖乌斯·维雷斯
67年	庞培击败海盗
66—63年	庞培重新规划东方
60年	庞培、克拉苏和盖乌斯·尤利乌斯·恺撒形成"前三头"
59年	恺撒担任执政官；庞培和尤利娅结婚
58—49年	恺撒在高卢
54年	尤利娅死亡
53年	帕提亚人在卡莱击败并杀死克拉苏
51年	西塞罗完成《论共和国》
49—45年	罗马内战
44年	恺撒于3月15日被害；盖乌斯·屋大维乌斯被过继，更名为盖乌斯·尤利乌斯·恺撒·屋大维亚努斯
43年	马尔库斯·安东尼、马尔库斯·埃米利乌斯·雷比达和屋大维形成"后三头"；西塞罗死亡
42年	腓立比战役；马尔库斯·尤尼乌斯·布鲁图斯自杀
31年	阿克提乌姆战役，屋大维击败安东尼和克莱奥帕特拉
27年	屋大维获得"奥古斯都"头衔

译名对照表

扩展阅读

Primary sources

Livy (59 BC–AD 17) composed his *History of Rome* during the age of the first emperor Augustus. Not all of the 142 books of the *History* have survived, but we do possess Books 1–10 (covering Rome's legendary past and the early years of the Republic) and Books 21–45 (the Second Punic War and Roman expansion down to 167). In his Preface, Livy expressed his pride in 'putting on record the story of the greatest nation in the world'. He attributed Rome's rise to the morality and *pietas* of the early Romans, and mourned the moral decline that he believed led to the Republic's collapse and 'the dark dawning of our modern day when we can neither endure our vices nor face the remedies needed to cure them'. For an introduction, see P. G. Walsh, *Livy: His Historical Aims and Methods*, 2nd edn. (Bristol, 1989), and J. D. Chaplin and C. S. Kraus, *Livy* (Oxford, 2009). On Livy's contemporary Virgil (70–19 BC), whose epic poem the *Aeneid* to a degree expresses similar views, see P. Hardie, *Virgil's Aeneid: Cosmos and Imperium* (Oxford, 1986).

Polybius of Megalopolis (c. 200–c. 118 BC) was one of the Greek hostages taken to Rome in 167 and there wrote the *Histories*. His intention was to explain the dramatic rise of Roman power and to warn his fellow Greeks to avoid provoking Rome's wrath. Polybius' work survives in extensive fragments covering the years 264–146, and in critical skill and proximity to events he is superior to Livy, who used Polybius as a source. See further F. W. Walbank, *Polybius* (Berkeley, 1972).

Under the Roman Empire, the biographer Plutarch (AD c. 46–120) wrote *Parallel Lives* that compared leading figures of ancient

Greece and Rome. Some of the Roman *Lives* are lost, notably that of Scipio Africanus, but the extant works include Coriolanus (used by Shakespeare), Fabius Maximus Cunctator, Cato the Elder, the Gracchi, and the warlords of the 1st century. Plutarch was a biographer rather than an historian and so focused on moral character more than factual detail, but his *Lives* are highly valuable especially for years for which we lack historical narratives. On Plutarch, see C. P. Jones, *Plutarch and Rome* (Oxford, 1971), and T. Duff, *Plutarch's Lives: Exploring Virtue and Vice* (Oxford, 1999).

Cicero (106–43) and Caesar (100–44) both appear below in the chapter bibliographies. For the modern historian the most valuable of Cicero's numerous writings are his letters, on which see G. O. Hutchinson, *Cicero's Correspondence: A Literary Study* (Oxford, 1998). For Caesar's writings, above all his *Commentaries on the Gallic War*, see K. Welch and A. Powell (eds.), *Julius Caesar as Artful Reporter: The War Commentaries as Political Instruments* (London, 1998).

Accessible English translations of all these sources are readily available through the Penguin Classics series and the Loeb Classical Library. Many can also be found online, particularly through LacusCurtius: A Gateway to Ancient Rome (http://penelope. uchicago.edu/Thayer/E/Roman/home.html) and the Perseus Digital Library (www.perseus.tufts.edu).

General works

The bibliography on the Roman Republic is vast. For further reading on all aspects of Republican history, see the articles collected in H. I. Flower (ed.), *The Cambridge Companion to the Roman Republic* (Cambridge, 2004), and N. Rosenstein and R. Morstein-Marx (eds.), *A Companion to the Roman Republic* (Oxford, 2006). Older introductions to the Republic can be found in M. Crawford, *The Roman Republic*, 2nd edn. (London, 1992), and M. Grant, *The World of Rome* (London, 1960), while the story of Rome is continued in C. Kelly, *The Roman Empire: A Very Short Introduction* (Oxford, 2006).

Chapter 1: The mists of the past

On the much debated early history of Rome, see T. J. Cornell, *The Beginnings of Rome: Italy and Rome from the Bronze Age to the Punic Wars (c. 1000–264 BC)* (London, 1995), and G. Forsythe,

A Critical History of Early Rome: From Prehistory to the First Punic War (Berkeley, 2005). On the Roman legendary past, see also M. Fox, *Roman Historical Myths: The Regal Period in Augustan Literature* (Oxford, 1996), and on Rome's Etruscan background, G. Barker and T. Rasmussen, *The Etruscans* (Oxford, 1998).

Chapter 2: The Republic takes shape

In addition to Cornell and Forsythe above, the early expansion of Rome is described in J.-M. David, *The Roman Conquest of Italy* (Oxford, 1996). An introduction to Republican political structures is provided by A. W. Lintott, *The Constitution of the Roman Republic* (Oxford, 1999), while on the Conflict of the Orders, see R. E. Mitchell, *Patricians and Plebeians: The Origin of the Roman State* (Ithaca, 1990), and K. A. Raaflaub (ed.), *Social Struggles in Archaic Rome: New Perspectives on the Conflict of the Orders*, revised edn. (Oxford, 2005).

Chapter 3: Men, women, and the gods

The pressures that the demands of *dignitas* and *gloria* placed on the Roman aristocracy are a central theme of W. V. Harris, *War and Imperialism in Republican Rome 327–70 BC* (Oxford, 1979). See also H. I. Flower, *Ancestor Masks and Aristocratic Power in Roman Culture* (Oxford, 1996), and M. Beard, *The Roman Triumph* (Cambridge, Mass., 2007). Roman society below the elite is explored in J. P. Toner, *Popular Culture in Ancient Rome* (Cambridge, 2009), and R. C. Knapp, *Invisible Romans: Prostitutes, Outlaws, Slaves, Gladiators, Ordinary Men and Women…the Romans that History Forgot* (London, 2011). For more detailed studies of the crucial institution of Roman slavery, see K. R. Bradley, *Slavery and Society at Rome* (Cambridge, 1994), and S. R. Joshel, *Slavery in the Roman World* (Cambridge, 2010). Roman family life is described in K. R. Bradley, *Discovering the Roman Family: Studies in Roman Social History* (New York and Oxford, 1991), and B. Rawson (ed.), *Marriage, Divorce, and Children in Ancient Rome* (Canberra and Oxford, 1991). On the political and religious status of Roman women, see R. A. Bauman, *Women and Politics in Ancient Rome* (London, 1992), and A. Staples, *From Good Goddess to Vestal Virgins: Sex and Category in Roman Religion* (London, 1998), while one famous Roman matron is brought to life in S. Dixon, *Cornelia: Mother of the Gracchi* (London, 2007).

J. Scheid, *An Introduction to Roman Religion* (Edinburgh, 2003) is a good starting point on the diverse Roman religious world. For more in-depth analysis, see J. Rüpke (ed.), *A Companion to Roman Religion* (Oxford, 2007), and M. Beard, J. North, and S. R. F. Price, *Religions of Rome*, 2 vols (Cambridge, 1998).

Chapter 4: Carthage must be destroyed

R. Miles, *Carthage Must Be Destroyed: The Rise and Fall of an Ancient Civilization* (London, 2010), and S. Lancel, *Carthage: A History* (Oxford, 1995) provide accessible introductions to the Republic's greatest enemy. On the Punic Wars, see A. Goldsworthy, *The Fall of Carthage: The Punic Wars 265–146 BC* (London, 2003), and for an evocative reading of Hannibal's most famous victory, see G. Daly, *Cannae: The Experience of Battle in the Second Punic War* (London, 2002).

Chapter 5: Mistress of the Mediterranean

Rome's encounter with the Greek east is described in detail in E. S. Gruen, *The Hellenistic World and the Coming of Rome*, 2 vols. (Berkeley, 1984). See also A. N. Sherwin-White, *Roman Foreign Policy in the East, 168 BC to AD 1* (London, 1984), and, from a rather different perspective, S. E. Alcock, *Graecia Capta: The Landscapes of Roman Greece* (Cambridge, 1993). A. E. Astin, *Cato the Censor* (Oxford, 1978) presents the career of the great critic of Roman philhellenism, while the documentary evidence for Roman–Greek relations is collected in R. K. Sherk (ed.), *Rome and the Greek East to the Death of Augustus* (Cambridge, 1984).

Chapter 6: The cost of empire

The social and economic crises of the 2nd century are well presented in N. Rosenstein, *Rome at War: Farms, Families, and Death in the Middle Republic* (Chapel Hill, 2004). D. Stockton, *The Gracchi* (Oxford, 1979) remains an excellent introduction, while on Marius and Sulla, see R. J. Evans, *Gaius Marius: A Political Biography* (Pretoria, 1994), and A. Keaveney, *Sulla: The Last Republican*, 2nd edn. (London, 2005). On the military developments that played such a crucial role in the Republic's collapse, see also L. De Blois, *The Roman Army and Politics in the First Century BC* (Amsterdam, 1987), and A. Keaveney, *The Army in the Roman Revolution* (London, 2007).

Chapter 7: Word and image

For an overview of Roman literary culture, see S. J. Harrison (ed.), *The Blackwell Companion to Latin Literature* (Oxford, 2005). On the early comic playwrights, see D. Konstan, *Roman Comedy* (Ithaca, 1983), and T. J. Moore, *Plautus and His Audience* (Austin, 2000), and on the 1st century T. P. Wiseman, *Catullus and His World* (Cambridge, 1985). A sympathetic introduction to Cicero's life and writings is given by E. Rawson, *Cicero: A Portrait*, revised edn. (Bristol, 1983), and his political career is set in context in T. Wiedemann, *Cicero and the End of the Roman Republic* (London, 1994).

Accessible surveys of Republican art and architecture are provided by N. H. Ramage and A. Ramage, *Roman Art: Romulus to Constantine*, 5th edn. (Upper Saddle River, 2009), and M. Beard and J. Henderson, *Classical Art: From Greece to Rome* (Oxford, 2001). On the archaeology of Rome itself, see A. Claridge, *Rome: An Archaeological Guide* (Oxford, 1998), and on the transformation of Roman material culture under Augustus, see still P. Zanker, *The Power of Images in the Age of Augustus* (Michigan, 1988).

Chapter 8: The last years

Overviews of the dramatic events of the Republic's final years are provided by D. Shotter, *The Fall of the Roman Republic*, 2nd edn. (London, 2005), and M. Beard and M. Crawford, *Rome in the Late Republic: Problems and Interpretations*, 2nd edn. (London, 1999), and from a more popular perspective, by T. Holland, *Rubicon: The Triumph and Tragedy of the Roman Republic* (London, 2004).

For biographies of the last generation of Roman warlords, see among many others P. Southern, *Pompey the Great* (Stroud, 2002), and R. Seager, *Pompey: A Political Biography*, 2nd edn. (Oxford, 2002); B. A. Marshall, *Crassus: A Political Biography* (Amsterdam, 1976); C. Meier, *Caesar* (London, 1995), and A. Goldsworthy, *Caesar: The Life of a Colossus* (London, 2007).

On the transition from Republic to Empire, one should still read R. Syme, *The Roman Revolution* (Oxford, 1939), and also K. Raaflaub and M. Toher (eds.), *Between Republic and Empire: Interpretations of Augustus and His Principate* (Berkeley, 1990).

Finally, the period between Gaius Marius and Augustus is brought to life in great detail in the *Masters of Rome* series of novels by Colleen McCullough.

Chapter 9: The afterlife of the Republic

Very Short Introductions already exist for the Roman Empire, Augustine, Machiavelli, Shakespeare, Rousseau, and the French Revolution.

For an overview of the Republic's enduring influence as a political ideal, see F. Millar, *The Roman Republic in Political Thought* (Hanover, 2002).

On Augustine's vision of history, see R. A. Markus, *Saeculum: History and Society in the Theology of St Augustine*, revised edn. (Cambridge, 1988), while for an introduction to his greatest work, read G. O'Daly, *Augustine's City of God: A Reader's Guide* (Oxford, 1999).

Machiavelli's vision of Rome and Republicanism is explored in J. A. Pocock, *The Machiavellian Moment: Florentine Political Thought and the Atlantic Republican Tradition* (Princeton, 1975), and V. Sullivan, *Machiavelli's Three Romes: Religion, Human Liberty, and Politics Reformed* (DeKalb, 1996). There are a number of recent studies of Shakespeare's relationship to ancient Rome, which include W. Chernaik, *The Myth of Rome in Shakespeare and His Contemporaries* (Cambridge, 2011), and G. Wills, *Rome and Rhetoric: Shakespeare's Julius Caesar* (New Haven, 2011).

The significance of the Roman Republic in the creation of the United States of America is discussed in C. J. Richard, *The Founders and the Classics: Greece, Rome, and the American Enlightenment* (Cambridge, 1994), and M. N. S. Sellers, *American Republicanism: Roman Ideology in the United States Constitution* (New York, 1994). For Rome and the French Revolution, see R. L. Herbert, *David, Voltaire, 'Brutus' and the French Revolution: An Essay in Art and Politics* (London, 1972), and L. Althusser, *Politics and History: Montesquieu, Rousseau, Hegel and Marx*, 2nd edn. (London, 1977). For an overview of Rome's influence on the 17th and 18th centuries, see now E. G. Andrew, *Imperial Republics: Revolution, War and Territorial Expansion from the English Civil War to the French Revolution* (Toronto, 2011).

Perceptions of ancient Rome in more modern times can be traced through C. Edwards (ed.), *Roman Presences: Receptions of Rome in European Culture, 1789–1945* (Cambridge, 1999), P. Bondanella, *The Eternal City: Roman Images in the Modern World* (North Carolina, 1987), and M. Wyke, *Projecting the Past: Ancient Rome, Cinema and History* (London, 1997).